잠깐 ———————— 수습 좀 하고 올게요

잠깐 ─────── 수습 좀 하고 올게요

제시카 배컬 지음 | 고정아 옮김

나를 잃지 않는 실수 회복법

북하우스

조, 일라이자, 이디에게

들어가며

"선생님들은 일을 하면서 어떤 실수를 해봤는지, 그리고 거기서 무엇을 배웠는지 말씀 부탁드립니다." 조명이 밝은 무대에서 사회자가 말했다. 대학생과 교수로 이루어진 청중은 기대감을 내비쳤다.

나는 무대에 앉은 성공한 여성 다섯 명이 무슨 말을 할지 귀를 기울이며 펜을 잡았다. 나는 그 주제에 각별한 관심이 있었다. 최근에 직업을 바꿔서 더욱 그랬다. 나는 스미스대학교 '일과 삶을 위한 워털 센터'의 초대 센터장을 맡았는데, 그 업무는 모험이자 즐거운 도전이었지만, 불안감도 안겨주었다. 실수하고 싶지 않았지만 일은 이미 여기저기서 꼬였다. 예산 관리 업무에서는 신입 사원에게 너무 많은 권한을 주었다가 돈이 바닥나는 사태를 맞았다. 새로운 리더십 프로그램을 개발할 때는 여러 사람의 기분을 상하게 했다. 홍보물을 제작하면서 오바마 행정부에서 여러 고위직을 지낸 줄리애나 스무트의 직책을 잘못 기재하기도 했다. 그가 너그럽게 봐주기는 했지만 얼굴을 들 수 없었다. 이런저런 실수들로 나는 내가 새 직장에 다닐 자격이 없다는 느낌을 많이 받았다. 다른 사람들도 똑같을까? 이들도 그런 실수를 한 적이 있을까?

나는 객석에 앉아 수첩을 편 채 나만 그런 게 아니라는 말을 듣기를, 다른 사람들 이야기를 받아 적을 수 있기 바랐다. 하지만 이십 분이 지나도록 수첩에는 아무것도 적히지 않았다. 그리고 이상하지만, 직장 생활의 실수에 대해 이야기하는 자리에서 그런 망설임, 나아가 회피를 목격하는 것은 그때가 처음이 아니었다. 언젠가 리더십 훈련 프로그램에 참석해 성공한 여자 서너 명의 강연을 들은 적이 있는데, 그들은 실수의 미덕을 찬양하면서도 자신의 실수에 대해서는 한마디도 하지 않았다. 또 한번은 몇몇 학생들과 함께 유명한 방문 학자의 강연을 들었는데, 그는 자신의 '희생'과 '반대급부'를 이야기하면서도 그게 정확히 무엇인지는 말하지 않았다.

물론 그들은 사람들 앞에서 멋진 모습을 보여주고 싶었을 테고, 압박 높은 상황에서 저지른 실수에 대해 말하기란 어려운 일이다. 하지만 '실수를 통해 배우는 일'을 강조하면서도 실제 실수는 전혀 언급하지 않는 여성들을 오랫동안 너무 많이 봐서 그런 진부한 말에서는 아무런 도움도 얻을 수 없었다. 그런 조언은 그저 그런 조식 페이스트리처럼 거의 모든 전문직 콘퍼런스에서 제공되었다. (나처럼) 평범한 여자는 그런 말을 들으면 이렇게 생각한다. '당신 같은 사람이야 실수를 통해 배우는 게 중요하다고 말할 수 있겠지만, 당신의 실수하고 내 실수는 달라. 내 실수는 엄청난 것들이란 말야.' 어쨌건 '그 자리까지 간' 사람들이 진짜 큰 잘못을 했다면 지금 거기 있겠는가?

　'실수를 통해 배우라'는 당위적인 말에서는 우리 사회에 만연한 '착한 여자 콤플렉스'도 보인다. 2006년 걸스 잉크〔여성들에게 '강력하고 똑똑하고 대담하게' 나아갈 것을 장려하는 미국 비영리 단체—옮긴이〕 보고서에 따르면 여성들은 초등생 시절부터 '완벽하고 센스 있고 날씬하고 친절해야 한다는 압박'을 받는다고 한다. 이런 일은 사람을 지치게 하고, 또 여성들을 익숙한 영역에 머물게 만들어 발전을 가로막을 수 있다. 2007년에 심리학자 캐럴 드웩의 연구팀은 똑똑한 여학생들이 새로운 것을 배울 때 혼란에 잘 대응하지 못한다는 사실을 밝혀냈다. 실제로 "여학생은 아이큐가 높을수록 더 대응을 못했다." 여학생은 대체로 남학생보다 도전을 힘들어했다. 이 여학생들이 받은 '제대로 해야 한다'는 압박은 흔히 대학 졸업 이후까지 이어진다. 듀크대학교의 유명한 연구에 따르면 여학생들은 '자연스럽게 완벽한 모습'을 보여야 한다는 압박을 경험한다. 2013년 〈뉴욕 타임스〉의 한 기사는 하버드 경영대학원 여성들은 남성보다 수업 참여도가 떨어졌는데 그 이유는 (교수진들과 행정관들에 따르면) 여성들이 '학술적 성공과 사회적 성공 중 하나를 선택하라'는 압박에 자주 시달렸기 때문이라고 보도했다. 이런 적극적인 성취가들조차 지나치게 공격적이거나 오답을 말하는 모습을 보이고 싶어하지 않는 듯하다. 우리는 어린 시절부터 대학원을 다닐 때까지도 일을 '똑바로' 하는 방법에 대해 별 도움도 안 되는 온갖 메시지를 흡수한다. '실수를 통해 배운다'는 막연한 조언은 그런 메시지들 속에 파묻혀버린다.

하지만 진짜 실수했던 이야기를 들으면 어떨까? 나는 그 효과를 직접 경험했다. 베스트셀러 작가 레이철 시먼스가 스미스대학교 강연 중 옥스퍼드대학원을 그만둔 일화를 이야기하자 학생들은 매료되어 자리를 뜨지 못했다. 또 실패를 주제로 한 토론에서 한 교수가 유명 저널로부터 논문을 거절당한 이야기를 하자 학생들의 얼굴에 반가운 놀라움이 피어났다. 우리 프로그램에 참가하는 여학생들은 존경하는 사람이 좌절과 실수 이야기를 털어놓는 데서 위안을 받았다. 젊은 여성들이 그런 연사를 존경하는 이유는 그들이 '성공 사례'뿐 아니라 불안, 좌절, 수치심 등이 엉킨 이야기를 편한 마음으로 전한다는 점에 있는 것 같았다.

나는 직무의 일환으로 리더십에 대해 많은 글을 읽고, 탁월한 전문가들의 리더십 발전 이론에 대해 공부하고 있었다. 실수를 해도 좌절하지 않고 그 경험에서 배움을 얻고 나아가는 것이 성공의 길임을, 많은 연구가 보여주었다. 예를 들어 심리학자 앤절라 더크워스는 '근성' — 실수와 좌절을 견디는 힘 — 에 대한 연구를 통해, 그것이 성취의 주요한 요소라고 결론을 내렸다. 세계적인 심리학자 대니얼 골먼은 위대한 지도자들이 '건설적 비판을 갈망'한 사례들을 전한다. 성공한 사람들은 스스로에게 말한다. "일을 망쳤다고 내가 가치를 잃는 것은 아니다." 다소 도발적인 이런 통찰은 이 책의 촉매가 되었다.

나는 유명하고 영향력 있는 여자들을 만나서 인터뷰를 하되, 그들이 잘한 일이 아니라 잘못한 일에 대해 묻기로 마음먹었다. 리더십 연구들이 분명히 보여주지만 사회생활 초입에 선 사람들에게는 잘 보이지 않는 것, 그러니까 실수가 성장의 필수 요소임을 확실히 알려주는 이야기를 모으고 싶었다.

고高성과자들은 여자건 남자건 대개 동등한 수준으로 '완벽에 대한 압박'을 느끼지만, 스미스대학교 심리학 교수 퍼트리샤 디바톨로의 완벽주의 연구에 따르면 여자들은 이 압력을 독특한 방식으로 경험한다. 이를테면 여자들은 사회적 압력을 더 심하게 느낀다. 언젠가 다섯 사람이 나에게 따로따로 프린스턴대학교의 한 보고서를 이메일로 보내준 적이 있다. 그 내용은 이랬다. 학생회 선거에 여학생 출마자가 남학생 출마자보다 적은 이유 중 하나는 여학생이 "사회적으로 용인되는" 방식으로 행동하라는 압력을 받기 때문이라는 것이다. "이것이 프린스턴만의 현상은 아니"라고 보고서는 강조했다. 그 얼마 후에 줄리 제일링거라는 열아홉 살 바너드대학교 학생이 〈포브스〉에 「왜 1980~90년대생 여성들은 지도자가 되고 싶어하지 않는가」라는 글을 발표했다. 그는 이렇게 썼다. "오늘날 젊은 여성들이 받는 교육은 우리의 인간적 불완전함을 포용하도록 하는 것이 아니라, 자신을 의심하고 자기 가치에 의문을 던지고 개선 프로젝트의 대상으로 보게끔 한다." 이 글은 큰 공감을 일으켜서 조회 수가 8만에 이르렀고, 페이스북에서 1만 번 가까이 공유되었다.

하지만 우리가 알아야 할 또 한 가지가 있다. 일터는 여성들에게 좀 더 비판적인 시선을 던진다는 것이다. 앨리스 이글리와 린다 칼리 연구팀은 '유리 천장'이라는 개념을 부정했다. 그것은 꼭대기에만 있는 장벽이기 때문이다. 그들은 방대한 분석을 통해 미국의 젠더 편견은 신입 단계와 고위 단계 모두에게, 육체 노동자와 경영 간부 모두에게 적용된다는 것을 밝힌다. 여성들은 실수에 대해 더 큰 비난을 받고, 이런 경향은 여성이 소위 남성적 직무를 수행할 때 더 강하다(이런 현상을 '유리 절벽'이라고 한다). 유색인종 여성은 무능해 보일 위험이 훨씬 더 크다. 그런 만큼 여성들이 실수를 허락하지 않는 것은 자기 보호 행동으로도 볼 수 있다. 하지만 우리가 혁신을 실행하고 인정을 얻고 지도자가 되려면, 위험을 감수해야 하고 실수의 불가피성을 깨달아야 한다. 우리는 성차별이 여전히 존재한다는 것을 인정하면서도 '충분히 괜찮은― 때로 일을 망쳐도 생존해내는 ― 리더'의 역할을 떠맡고자 해야 한다. 여성의 리더십에 대한 사회적 담론도 불완전함을 포용해나가야 한다.

내가 만난 여성들은 기꺼이 침묵을 깨주었다. 그들은 '실수담'이 멘토링의 방법이 될 수 있음을 이해하고, 자신들의 이야기를 전해주기로 했다. 바쁜 스케줄에 묶여 있는 경우에도 그랬다. 루마 머플레는 '퓨지스 패밀리'(난민 아동을 돕는 비영리 단체)에 대한 강연으로 바쁜 와중에도 아침 식사 시간을 이용해 나를 만나주었다. 셰릴 스트레이드는 베스트셀러 에세이 『와일드』의 홍보 북투어를 하는 가운데 인터뷰를 해주었다. 법학자 래니 귀니어는 대법원에 보낼 소송 개요서를 작성하고 하버드 로스쿨 학생들의 성적을 제출하는 시기에도 나와 대화를 나누었다.

인터뷰를 모아보니, 몇 가지 공통된 주제가 보였다. 어떤 여성들은 영혼을 갉아먹는 상사나 직장을 버리고 떠난 일에 대해 이야기했다. 이런 이야기를 담은 3부에는 '거절하기'라는 제목을 달았다. 또 어떤 여성들은 자기 옹호의 경험을 전했다. 이런 이야기는 2부 '물어보기/요구하기'에 있다. 1부 '자기 내러티브의 주인 되기'에서는 스스로의 강점을 깨닫고 목적의식을 키우는 이야기를 전한다. 마지막으로 4부 '회복력 키우기'는 쓰러졌다가 다시 일어서는 내용이다.

나는 이 너그러운 여성들의 이야기와 이야기에 담긴 교훈에 귀를 기울이면서, 나 자신의 이야기를 하기 시작했다. 자신의 실수와 실패에 대해 이야기하는 일은 우리에게 힘을 준다. 내 희망은 독자 여러분이 이 책을 통해서 사람은 누구도 ─ 그 놀라운 여성들조차 ─ 완벽하지 않다는 것을 다시금 깨닫고 힘차게 앞으로 나아가는 것이다.

차례

들어가며 · 007

1부 자기 내러티브의 주인 되기

로럴 토비 · 023

레이철 시먼스 · 036

코리나 레이선 · 046

래니 귀니어 · 054

일리애나 히메네스 · 063

리사 러츠 · 073

킴 고든 · 083

레시마 소자니 · 090

셰릴 스트레이드 · 098

2부 물어보기 / 요구하기

대니엘 오프리 · 113

조애나 바시 · 124

얼라이나 튜전드 · 134

설리나 레즈바니 · 142

칼라 해리스 · 151

3부 거절하기

애나 홈스 · 165

루마 머플레 · 176

루스 라이셜 · 190

샤론 포머런츠 · 199

4부 회복력 키우기

주디스 워너 · 219

린쿠 센 · 228

셜리 맬컴 · 238

루스 오제키 · 251

코트니 E. 마틴 · 262

J. 코트니 설리번 · 271

캐럴 S. 드웩 · 279

감사의 글 · 289

1부

자기 내러티브의
주인 되기

나는 초등 교사로 일하다 그만두고 프리랜서로 지내던 중 스미스대학교의 '여성 내러티브 기획단'에서 주 3일 출근하는 일자리를 얻었다. 그 행운이 믿기지 않았다. 거기다 직무를 위해 이따금 탁월한 여자들과 이야기를 나누어야 한다는 걸 알게 되자 기쁨은 더욱 커졌다. 기획단은 스미스대학교의 두 학장 모린 A. 마호니와 제니퍼 L. 월터스가 기획한 프로그램이다. 그들은 학생들이 자기 가치와 목적을 성찰해 명확히 이해하기 바랐고, 이를 위해 몇 가지 금기시되는—어쨌건 고성과자들의 환경에서는 하지 않는—설문을 만들었다. 당신에게 가족이 원하는 것과 당신 자신이 원하는 것은 어떻게 다른가? 당신에게 진정한 성공이란 무엇인가? 실패하면 어떨 것 같은가? 마호니와 월터스는 '내러티브narratives'를 복수형으로 썼다. 그것은 우리가 우리 자신을 이해하고 이야기하는 방식은 항상 변화하고 발전한다는 의미다. 우리의 내러티브는 5년 뒤, 10년 뒤에는 달라질 테니까. 그리고 다중성도 담고 있다. "우리는 지금 우리 자신에 대해 몇 가지 버전으로 이야기할 수 있다."

나만 해도 나 자신의 이야기가 변했다. 내가 애초에 이 파트타임 일자리를 수락한 것은 아이를 키우며 글을 쓰기 위해서였는데, 이 일이 삶에서 차지하는 비중이 점점 커졌다. 전에는 내가 원하는 일은 소설을 쓰는 일뿐이라고 믿었는데, 꼭 그렇지는 않다는 생각이 들기 시작했다. 대학생들과 이야기하고 협력하는 일이 몹시 즐거웠기 때문이다. 나는 한때 좋은 엄마가 되려면 일을 줄여서 아이가 보육 시설에 너무 오래 있게 하지 말아야 한다고 생각했다. 하지만 이제 여성, 일, 삶에 대한 새로운 연구들을 흡수하기 시작했다. 그중에는 1000명의 유아를 20년 동안 추적한 획기적인 연구도 있었는데, 그에 따르면 좋은 보육 시설에서 주당 40시간을 보내는 일은 아이의 발달을 저해하지 않는다. (그 핵심 연구자 중 한 명인 캐슬린 매카트니는 훗날 스미스대학교 총장이 되었다.) 아이는 유치원에서 문제없이 잘 지냈고, 내가 풀타임으로 일해도 괜찮을 것 같았다. 새로운 내러티브가 만들어지고 있었다.

자신의 내러티브에 대해 숙고하는 능력이 중요한 데는 몇 가지 이유가 있다. 그것은 다음 단계를 탐색하는 데 도움이 된다. 래니 귀니어는 이 대목에서 다음과 같이 되돌아본다. 그는 로클러크〔재판·법률 연구원—옮긴이〕에서 변호사를 거쳐 판사가 되는 통상적인 출세길이 자신에게 맞지 않는다는 것을 깨닫고, '판정관'이라는 고위직을 떠나 그만한 사회적 지위는 없지만 훨씬 큰 보람을 안겨주는 사회단체 '전국유색인종 지위향상협회 법률지원 및 교육기금 기구'에서 일하게 되었다. 자신의 내러티브에 대한 숙고는 어려운 상황에서 자신을 옹호하는 데도 도움이 된다. 레시마 소자니는 대학원 학자금 융자 때문에 힘들었던 사실을 솔직히 털어놓을 수 있게 된 일이 자기 인생에 중요한 역할을 했다고 말한다. 이런 솔직함 덕분에 그는 선거 출마 이전의 경력을 유권자들에게 제대로 설명할 수 있었다. 마지막으로, 자신의 내러티브를 이해하면 일상에서 선택할 때도 도움이 된다. 셰릴 스트레이드는 자신과 맞지 않는 글을 쓰면서 '무력감'을 느낀 경험을 통해, 작가는 무슨 일에든 진정성을 갖고 임해야 한다는 것을 깨달았다고 말한다.

펜으로 끼적이지 않아도, 키보드를 두드리지 않아도 우리는 자신의 인생 내러티브를 쓰고 또 쓴다. 그것은 우리가 누구이고, 어디로 가는지를 이해하게 해준다. 그리고 이야기는 계속 진화해나간다.

로럴 토비_기업인

"나는 사내 정치라는 것을 거부했다. 그것은 시간 낭비고, 짜증스러운 일이라고 여겼다. 내가 왜 여기 오기 위해 거기 가야 하는가? 내가 원하는 것이 여기 있고, 당신이 원하는 것도 여기 있다. 그냥 그 일을 하면 된다."

"긴장할 거 없어요." 내가 맨해튼의 스타벅스에서 로럴 토비를 만나 이 책을 위해서 하는 첫 인터뷰라고 하자 그가 말했다. 그는 테이프 녹음기가 켜진 것을 확인하고, 자기 목소리가 잘 담기도록 기기를 앞으로 끌어온 뒤 몸을 가까이 기울였다. 로럴 토비의 사진들은 화려한 깃털 목도리를 하고 유명 파티에 있는 모습이 많다. 그는 눈길을 끄는 외모의 소유자고, 대중 연설을 하면 솔직한 매력으로 사람들을 무장해제시킨다. 나는 그와 마주 앉으면 약간 움츠러들 것 같았지만, 실제로는 전혀 그렇지 않았다. 토비의 태도에서 풍기는 너그러움과 여유는 나를 아주 편하게 해주었다.

로럴 토비는 출판산업 최대 네트워킹 사이트인 <미디어비스트로>의 창립자다. 그곳은 특정 종이 잡지나 온라인 잡지에 기고하는 법, 온라인 강의 안내, 구인 공고 같은 수많은 정보의 보고다. 이 사이트는 그가 저널리즘 업계 사람들을 만나고 프리랜서 생활의 고립감을 덜기 위해 1994년 친구와 함께 열었던 파티를 계기로 만들어졌다. 파티가 인기를 끌면서 이메일 뉴스레터가 생겨났고(이때는 이메일 보급 초기였다), 그것이 웹사이트로 이어져 마침내 <미디어비스트로>가 되었다. 2007년에 토비는 이 사이트를 2300만 달러에 팔았고, 지금은 벤처기업을 지원하는 다양한 사업을 하고 있다.

나에게 더 잘 맞는 직장 환경이 있다

나는 운이 좋게도 할아버지가 대준 학비로 대학을 마쳤다. 덕분에 빚을 짊어지지 않고 직업을 선택할 수 있었다. 하지만 할아버지는 나에게 수입이 좋은 직업을 선택하라고 했다. "봉급이 높고 널 잘 챙겨주는 회사에 들어가라." 그 시절 사람들은 회사가 사람을 챙겨준다고 생각했고, 나도 그렇게 믿었다.

대학 졸업 후 아는 사람 한 명 없는 뉴욕으로 왔다. 가족도 친구도 없이 지내는 생활은 불안했다. 마침내 '영 앤드 루비컴'(당시 세계 최대의 광고 회사)에 미디어 플래너로 취직했을 때도 바위벽에 매달려 있는 느낌은 여전했고, 그래서 해고 위기에 처한 일이 더욱 고통스러웠다.

나는 내가 일을 꽤 잘하고, 잘 배우고 있다고 생각했다. 야근도 자주 했고, 주말에도 출근해서 맡은 일을 다 해냈고, 다른 많은 여자들처럼 업무만 잘하면 된다고 생각했다. 다른 사람들과 나누는 대화까지—심지어 근무 시간 외의 일도—평가 대상이 되는 줄은 미처 몰랐다. 나는 정수기 앞에서 마주치거나 점심을 함께할 때 동료들에게 쉽게 장난을 치고 내 생각을 곧잘 말하고 농담을 하곤 했다. 다소 신랄하고 빈정대는 모습을 주저 없이 드러냈다.

그렇게 한 달쯤 지났을 때 상사가 나를 자기 방으로 불렀다. 나는 일을 잘했다고 칭찬을 받을 줄 알았다. 그런데 그는 무거운 표정으로 말했다. "로럴 씨를 부른 건 '1차 경고'를 주기 위해서예요."

"'1차 경고'라고요?" 내가 물었다.

그는 회사에 직원의 행동을 점검하는 시스템이 있다고 했다. 1차 경고는 해고 통보는 아니지만 직원에게 행동을 바로잡을 것을 권고하는 것이라고, 당분간 상사들이 내 행동을 관찰할 거라고 했다.

나는 깜짝 놀랐다. 무시무시한 단어가 머릿속에 비수처럼 꽂혔다. "해고라고요? 왜죠?" 뺨 위로 눈물이 흘렀다. 나는 자부심을 품고 있었고, 이런 일은 전혀 예상하지 못했다. "저는 아무 문제도 못 느꼈는데요?" 내가 물었다.

그는 내 업무 능력은 문제없지만, 몇몇 사람이 내가 '불쾌하다'며 진정했다고 했다. 나는 울다 말고 웃음을 터뜨렸다. "불쾌하다고요?" 믿을 수가 없었다. "제가 어떻게 불쾌했다는 건가요?" 그는 내가 한 '불쾌한' 말 몇 가지를 전해주었다. 나는 그건 복사기 앞에서 기다리거나 화장실 거울 앞에서 화장을 고칠 때 실없이 한 농담일 뿐이라고 말했다. 직장 생활을 처음 하면서 동료들과 친해지려고 나름대로 노력한 것이라고.

그의 얼굴에서 당혹스러운 표정이 베일 걷히듯 사라졌다. 그리고 이상한 표정을 지으며 말했다. "로럴 씨는 불쾌한 사람 같지 않아요. 거짓으로 꾸미는 게 아니라면 진실되고 선량한 사람 같아요. 어떻게 된 일인지 알 것 같네요. 문화 문제일 수 있어요. 로럴 씨가 여기 문화에 적응하지 못한 걸 수도 있고, 사람들이 로럴 씨 농담을 이해하지 못한 걸 수도 있어요." 하지만 어떻게 그 농담을 이해하지 못할 수 있나요? 나는 말을 더듬었다. 농담은 다 비슷한 거 아닌가요? 그는 이곳의 많은 직원이 남부 또는 중서부 출신이라고 했다. 나는 동부 해안 도시—플로리다주 마이애미—출신이었다. 아마 내 농담이 아이러니나 조롱조가 너무 강했는지도 모른다. "어쨌건 이제 농담을 하지 마세요. 일주일 후에 다시 봅시다." 그가 말했다.

머릿속에 의문이 회오리쳤다. 어쩌다 인생에서 중요한 첫 직장에서 이렇게 큰 실수를 한 걸까? 해고되면 어디로 간단 말인가? 아마 마이애미로 돌아가 할아버지의 건설회사에 들어가야 할 것이다. (실제로 할아버지는 그러기를 바랐지만, 그렇게 되는 건 나에게 실패로 보였다. 내가 홀로 서지 못한다는 뜻이기 때문이다.) 농담을 끊고 세상에 '가식적 표정'을 지을 수 있을까?

그때 상사가 자신은 이런 상황을 잘 안다고 말했다. 자신도 여기서 처음 일할 때 성격을 바꿔야 했다고. "내가 그렇게 했으니까 로럴 씨도 할 수 있을 거예요." 그가 나를 위로하며, 자신은 비서진 출신에서 관리직이 되고 이어 간부로 승진한 최초의 흑인 여자라고 말하더니 좀 지나치게 밝은 목소리로 말했다. "우리는 로럴 씨의 날카로운 모서리를 조금 다듬어야 할 것 같아요. 로럴 씨라는 야생수를 단정한 정원수로 만들어야 해요." 그는 양손을 머리 위로 들고 나뭇가지를 자르듯 가위질하는 동작을 해 보였다.

"분재가 되라는 거군요." 나는 말했다. 그가 내 개성을 가위질하는 그 이미지가 뇌리에 깊이 박혔다. 그리고 그가 한

말은 자신은 간부 자리에 있어도 여전히 자기 본모습으로 살
지 못한다는 뜻이라는 걸 깨달았다.

하지만 나는 경쟁심이 있었고, '주식회사 미국'에 대한
적응력을 증명하고 싶었다. 장난과 농담을 그만두고 말을 조
심했다. 그 결과 나는 아주 진지하고 지루한 사람이 되었다.
직장 동료들 앞에서는 본래 성격을 감추었다. 그러자 일주일
기한이 지나기도 전에 상사가 나를 다시 불러서 경고는 해제
되었다고, 이제 내가 농담만 하지 않으면 아무 문제 없을 거라
고 했다.

나는 회사에 맞는 행동—대화법, 말 거는 법, 반응하는
법—과 규약과 어휘 전체를 익혔다. 그리고 마침내 그것을 터
득했지만, 큰 회사에서 일하는 것이 나하고 맞는지 의문이 들
기 시작했다.

최고의 직장이라고 안심할 수는 없다

1990년대 초가 되자 나는 나를 증명했고 '주식회사 미
국'과의 관계는 끝났다고 판단했다. 그리고 좀 더 창의적인 일
을 찾아서 〈워킹 우먼〉에 지원했다. 〈워킹 우먼〉은 커리어우
먼을 위한 최초의 잡지 중 하나였다. 편집장은 나를 채용하면

서 연봉이 크게 깎일 거라고 했지만, 나는 당시 상황을 벗어나기 위해서 무슨 일이든 하고 싶었다. 연봉이 보잘것없는 2만 2000달러에서 더 형편없는 1만 6000달러로 떨어지는 것도 상관없었다. 나는 기꺼이 그러겠다고 했고, 내가 높이 평가하는 잡지사에서 일하게 된 것이 기뻤다.

사무실은 첫발을 디딘 순간부터 편안했다. 그곳은 직원들의 성장을 돕고자 했다. "여기라면 영원히 다닐 수 있어." 상사들은 부하 직원들을 독려하고 내가 야심 찬 계획을 추진하도록 허락하는 한편 '자기 몫을 하고 기다리면 보답을 받는다'는 분위기가 있었다. 그래서 나는 기다렸다. 맨 처음 한 일은 사진에 캡션을 작성하는 것이었다. 그런 뒤에는 기사에 들어가는 작은 박스 글을 썼고, 이어 보조 기사와 본 기사를 썼다. 첫 3년 동안은 편집과 헤드라인 쓰는 법을 배웠고, 그런 뒤 승진을 거듭해서 노고에 보상을 받았다.

새 상사가 왔을 때, 나는 그에게 엎드리지 않고 밀려난 옛 상사에게 계속 충성했다. 그러니까 사내 정치를 외면한 것이다.

그때 우리는 모두 입사 지원서를 다시 썼는데, 거기에는 새 편집장을 위한 설문 조사도 있었다. 그 질문 중 하나는 "좋아하는 잡지는 어떤 것들인가?"였다. 한 동료가 말했다. "나는 〈배니티 페어〉라고 쓸 거야. 새 편집장에 대한 기사를 읽었는데 그 잡지를 높이 보더라." 나는 그 말이 바보 같다고 생각했다. 〈워킹 우먼〉은 커리어우먼에 대한 잡지인 반면, 〈배니티 페어〉는 대중문화, 패션, 유명인 이야기가 대부분이었기 때문이다. 신임 편집장은 〈워킹 우먼〉을 좀 더 섹시하게 만들고 싶어했지만, 내 생각은 달랐다. 나는 기업 성장을 목표로 최선의 사업 방법을 탐색하는 잡지 〈잉크Inc.〉를 읽으며 우리 잡지도 그런 방향으로 가야 한다고 생각했다. 그리고 그런 직감에 따라 반항에 가까운 태도를, 즉 전 편집장에 대한 충성을 보였다. 나는 어느새 첫 직장의 교훈—개인의 진정성을 집단 정서보다 앞에 놓는 일은 현명하지 않다는 것—을 잊은 것이다. 큰 회사에서 살아남으려면 그런 태도는 바람직하지 않다.

하지만 내 의견을 표현한다고 해고될 줄은 꿈에도 몰랐다. 나는 노동의 가치를 믿었고, 일 잘하는 직원은 내보낼 리가 없다고 생각했다. 하지만 일을 잘하는 것, 그러니까 기본적으로 착한 여자 역할을 수행하는 것은 미래를 보장해주지 않는다.

나는 이 경험을 통해서 내가 어디를 가고 어떤 직업을 갖건 자신의 커리어 능력을 높이는 일을 해야지 현재 회사나 상사에게 보상을 기대하면서 일하면 안 된다는 것을 배웠다. 그런 것은 하루아침에 사라질 수 있다. 우리는 스스로를 프리랜서로 여기고, 다음 직장으로 가지고 갈 기술과 능력을 키워야 한다. 그게 우리 무기고, 우리는 그것을 계속 비축해야 한다. 우리 할아버지 시절과 달리 회사가 우리를 챙겨주고 키워주는 건 기대할 수 없다.

〈워킹 우먼〉의 새 편집장이 직원 절반을 해고할 생각이라는 소식을 듣고 기겁했다. 그는 우리에게도 우리가 해낸 일들에도 관심이 없었다. 내가 이룬 성과도 관심 밖이었다. 회사는 학교가 아니라 사업체고, 그는 자신의 팀을 원했다. 그가 우리 집 자동 응답기에 '전화해달라'는 메시지를 남겼을 때 나는 무릎 수술을 앞둔 상태였고 그 메시지에 화가 났다. 그는 내가 입원한 것도 몰랐을 뿐 아니라 나를 전화로 해고하려 한 것이다!

나는 그다음 주 월요일에 그 메시지를 못 들은 척하고 절뚝거리며 출근했다. 그때는 내가 〈워킹 우먼〉에서 일한 지 3년이 된 때였다. 나는 목발을 짚은 채 그를 만나야 한다는 사실에 겁이 났다. 그래도 전략적으로 행동해야 한다고 마음을 다졌고, 그와 마주 앉아서 연재 계약을 따냈다. 만약 전화 통화만 했다면 그 계약을 얻었을지 모르겠다. 그렇게 직장을 잃었지만, 그래도 할 일은 있었다.

자기 사업을 하더라도 사람 관리가 필요하기 때문에 여전히 사내 정치 문제에 대응해야 한다

다시 네트워킹을 시작했다. 그동안 출판계 사람들과 관계를 계속 유지하고 있었고, 〈글래머〉의 동료가 그곳에 비즈니스 편집자 자리가 났다고 알려주었다. 나는 재택근무를 하고, 한 달에 한 번 할당된 작업물을 제출하는 조건으로 그곳과 계약했다. 이제는 회사에서 내 모습을 감추지 않아 문제를 일으킬 일이 없었다!

하지만 혼자 일하다 보니 외롭고 사람들이 그리워져서 칵테일파티를 열기 시작했다. 나는 파티를 아주 꼼꼼하게 준비했다. 음악 소리는 너무 크지 않게, 공간 조명도 너무 어둡지 않게 했다. 그리고 손님들이 서로를 소개하도록 이끌었다. 어떤 이들은 그걸 싫어했지만, 어떤 이들은 여유롭게 즐겼다.

그때는 이메일이 처음 보급될 때였고, 나는 이메일을 보내 손님들을 파티에 초대했다. 웹사이트를 만들기로 했을 때도 인터넷은 새로운 문물이었다. 나는 그 사이트가 파티 손님들이 취업 정보를 얻고 온라인 커뮤니케이션을 하는 수단이었으면 했다. 사이트를 키울 아이디어가 샘솟아났다. 한 가지 예로, 우리는 업체가 우리 사이트를 통해 사람을 구하면 100달러를 받았다. 사람을 구하지 못하면 한 푼도 받지 않았다. 곧 수천 달러가 들어왔다. 우리는 출판계 사람들을 위한 온라인 강의도 열었는데, 그것도 인기를 끌어서 많은 돈을 벌었다. 2000년에는 50만 달러의 자본을 끌어와 회사를 확장했다.

나는 그 돈으로 팀을 꾸렸다. 대학을 갓 졸업한 사람 여섯 명을 채용했다. 그들은 (다소간) 내가 시키는 일을 했고, 나는 그들을 이끄는 대장이었다. 어느 날 그중 한 명이 내 방에 들어왔다. 그는 내 첫 인턴이라서 나를 잘 알았다. 그가 말했다. "사람들이 대표님 때문에 다 그만두고 싶어합니다."

깜짝 놀랐다. 다시 똑같은 일이 벌어지다니. 나는 내가 만든 회사에도 맞지 않았다!

그가 말했다. "어떤 일에 화가 나더라도 분노와 실망을 그렇게 드러내지 마세요. 감정을 조금 자제해주셨으면 좋겠습니다."

'그래, 나는 아무것도 할 줄 아는 게 없군.' 그런 생각이 들었다. 사람들 곁에 있으면 안 되는 것 같았다. 나는 직원들에게 사과하면서 관리자로는 아직 초보라 배우고 있다고 말했다. 부드러워지려고 노력했다. "이건 안 될 것 같은데, 이거랑 이거랑 이거를 고쳐봐요" 또는 "보도 자료를 좀 더 흥미롭게 써봐요" 하는 대신 "이 부분은 좋은데 좀 더 흥미롭게 만들어봅시다" 하고 말했다. 메시지는 같지만 방식은 부드러워졌다.

그래도 몇 사람은 그만두었지만, 핵심 다섯 명은 창업 1일 차부터 우리가 회사를 매각했을 때를 지나 그 이후까지도 남았다. 회사가 크게 성장하자, 직원을 관리하는 사람을 고용했다. 나 자신은 언론과 고객을 상대하는 얼굴 마담 역할을 했다. 그렇게 여러 해가 지났을 때 내가 처음 뽑았던 직원들이 말했다. "대표님은 제 커리어 발전과 교육을 챙겨주셨어요. 제가 그 뜻을 미처 이해하지 못할 때도요." 그것은 아주 기분 좋은 말이었다.

창업자는 적극적이고 신속해야 한다. 시간 낭비는 금물이다. 일단 행동하고 걱정은 나중에 해야 한다. 대기업 환경에서는 모험이 권장되지 않는다. 거기서는 걱정부터 하고 행동은 나중에 하거나 하지 않거나 한다. 나는 큰 회사에 다니며 일하는 것보다 내 사업을 하는 것, 나의 비전을 실현하는 것, 다른 소기업들이 각자의 비전을 실현하게 도와주는 것이 훨씬 잘 맞았다. 우리 할아버지는 평생직장에 다녀야 삶에 안정을 얻을 거라고 생각했다. 그분은 세상이 이렇게 변할 줄 몰랐을 것이다. 이제 회사는 직원에게 그런 것을 제공하지 않는다. 그래서 오늘날에는 자기 분야에서 공헌할 능력을 키우고, 또 자신에게 맞는 작업 환경을 찾는 것이 중요하다.

로럴 토비의 조언

✚ 어디서 어떤 일을 하게 되건, 언제나 자신에게 남는 기술을 익히자. 강좌를 수강하거나 업계 관련 글을 열심히 읽는 것도 좋다. 그렇게 해서 자신의 '무기'를 확보한다.

✚ 진정한 자신을 이해하고, 자신의 본모습을 억압하지 않는다. 기업 환경에 적응하기 어려운 강한 개성의 소유자라면, 그 개성을 누르지 않을 환경을 찾는다.

레이철 시먼스 _작가

"대입 산업 복합체는 우리를 입시용 스펙을 쌓는 혹독한 트레드밀에 올려놓는다. 그 위에 올라서면 우리는 스스로 만족하는 인생을 추구하기보다 다른 사람의 경주를 위한 훈련을 하게 될 수 있다."

대학생들에게 베스트셀러 작가이자 리더십 컨설턴트 레이철 시먼스에 대해 물어보면, '거리감 없다' '재미있다' '친절하다' '놀라울 만큼 솔직하다' '공감이 간다' 같은 말로 그의 성격을 설명한다. 어떤 학생은 "모든 여자가 시먼스의 워크숍에 참가하면 세상을 바꿀 수 있다고 믿는다"고 말했다. 시먼스는 지난 몇 년 동안 스미스, 바너드, 시먼스 같은 여자대학 학생들과 많은 일을 했다. 그의 인기 워크숍은 학생들에게 자기를 인식하고 명확한 커뮤니케이션과 도전을 하도록 목표를 설정하면서 동시에 즐거움도 누리는 기회를 준다.

시먼스는 베스트셀러 『소녀들의 심리학』으로 공격적 여성 언어를 분석한 뒤 이 일을 하게 되었다. 이 책은 10개 학교에서 300명을 인터뷰한 결과물로, 여학생들의 관계와 발전에 대한 새로운 사회적 대화를 촉진했다. 초판은 2002년에 출간되었으며, 최근에 나온 개정 증보판은 온라인에서의 공격성을 탐구하고 부모, 교사들과 여학생들에게 구체적인 조언을 준다. 작가 조던 키스너는 〈슬레이트〉에 기고한 개정판 서평에서 이렇게 말했다. "『소녀들의 심리학』이 흥미로운 것은 누구나 공감할 수 있는 내용이기 때문이다. 중고등학교 시절에 폭력과 따돌림을 겪어본 적 없는 사람들도 마찬가지다. 이 책은 여학생의 교우 생활을 깊이 있고도 섬세하게 기록해서(시먼스는 학교 폭력은 일방적 가해와 피해의 관계가 아님을 다시금 상기시켜준다), 우리가 점심시간에 무슨 일들을 겪었는지 그것이 우리가 여성으로 성장하는 데 어떤 역할을 했는지 숙고하게 한다."

후속작 『소녀는 어떻게 어른이 되는가』도 상냥하고 예의 바르고 겸손하고 이타적일 것을 강요당하며 자란 모든 여성의 필독서다. 시먼스는 현재 이 책들에 담긴 여러 주제를 여대생들과 하는 워크숍에서 탐구하고 있다.

인생은 승리를 거두어야 하는 경기가 아니다

나는 늦된 아이였다. 전에는 그렇게 우등생이 아니었는데, 바사대학교에 입학하면서 갑자기 두각을 나타냈다. 나는 높은 성적을 받았고, 학보사 편집자, 총장실 조교라는 요직에 올랐다. 열심히 일하고 열심히 놀았다. 레즈비언으로 커밍아웃도 했다. 즐거운 4년이었다.

대학을 졸업한 뒤에도 승승장구를 거듭했다. 나는 뉴욕 시청에 인턴으로 들어갔다가 능력을 인정받아서 1년도 못 돼 시청 지하실에서 열리는 회의들을 주재했다. 그다음에는 당시 미국에서 초미의 정치적 이벤트였던 상원의원 선거 캠프에 들어갔다. 나는 후보를 따라다니며 수많은 행사에 참여했고, 클린턴 대통령을 비롯해 많은 유명인을 만났다. 눈 깜박할 새 맨해튼 정치계의 사다리를 오르고 있었다. 권력, 사회적 관심, 높은 지위를 관찰하는 경험은 즐거웠다. 그래서 정치 입문자들의 일반적인 '다음 코스'인 로스쿨에 진학하기로 하고, 예일대학교에 지원해 합격했다.

이 무렵 바사대학교의 경력 개발 담당자가 로즈 장학금 〔영국 옥스퍼드대학교에서 2년간 공부할 학비를 지원하는 제도—옮긴이〕 지원을 권유했다. 처음에는 별로 끌리지 않았다. 뉴욕에서의 삶이 좋았기 때문이다. 하지만 이길 기회를 저버리기가 싫어서 지원했다. 지원 과정 전체가 하나의 승부였다. 나는 다른 일을 할 때와 마찬가지로 그 일에 전심을 기울여서 반드시 목표를 성취하고자 했다.

줄리아니 시장은 뉴욕 시청 접견실에서 기자회견을 열고 내가 로즈 장학생으로 선정된 것을 축하해주었다. 〈데일리 뉴스〉는 두 면에 걸쳐 헤드라인을 실었다. "마침내 시청에서 천재가 나타나다." 바사대학교는 신입생 모집 홍보물에 내 사진을 실었고, 나는 로스쿨 진학을 미루고 영국 옥스퍼드대학교로 떠났다.

나는 최고의 로즈 장학생이 되기로 했다. 최선을 다해 반드시 목표를 성취하기로 마음먹었다. 항상 그래왔으니까.

남에게 어떻게 보이는지보다
내가 어떻게 느끼는지가 더 중요하다

옥스퍼드대학교 링컨칼리지 책상에 앉아 비 내리는 창밖을 바라보는데, 이건 아니라는 느낌이 강하게 밀려들었다. 무시하려고 해도 무시할 수 없었다. 다른 로즈 장학생들과 데이트를 하고, 정치이론 수업을 듣고, 과제를 하면서도 이런 일이 즐겁지 않았고 의문만 생겨났다.

왜 로즈 장학생들은 남에게 보이는 이미지와 미래에 이렇게 집착하나?

왜 우리 세미나 자료는 모두 1965년 이전의 문헌인가?

왜 내가 페미니즘 정치이론을 꺼내들면 담당 튜터는 키득거리나?

왜 사람들은 삶은 달걀에 마요네즈를 뿌려 먹는가?

왜 오후 3시 반에 해가 지는가?

나는 해야 할 일에 집중할 수가 없었고, 그 결과 아무것도 제대로 하지 못했다.

평생 처음 겪는 이런 일에 속수무책이었다. 벽에 부딪힌 듯 천천히 우울증 속으로 가라앉았다.

나는 길을 잃은 기분으로 안개 낀 옥스퍼드의 거리들을 떠돌았다. 집에 가고 싶었지만 어떻게 그만둔단 말인가? 미국 젊은이가 얻을 수 있는 최고의 영예 중 하나인 이 자리를? 그런 사람이 있기는 했나? 그런 일은 엄청난 굴욕일 것이다. 그리고 나는 나약한 사람이 아니었다. 그래서 밀고 나갔다. 해낼 거라고, 반드시 목표를 성취할 거라고 다독이면서.

나는 여러 주 동안 독서, 산책, 달리기로 시간을 보냈고, 솔직히 울기도 많이 울었다. 자꾸 같은 생각이 들었다. 나는 누구지? 여기는 어떻게 왔지? 내가 어쩌다 별 애정도 없는 나라에 와서 나하고 전혀 다른 사람들 틈에서 펼치기만 하면

잠이 오는 책들만 읽고 있는 거지?

내가 로즈 장학생이 된 것은 옥스퍼드대학교에서 2년 동안 공부하고 싶어서가 아니라 세상의 인정을 받고 싶어서였다. 답은 거기에 있었다. 그동안 내가 한 일은 상을 타고 또 타는 일이었다. 내 자존감, 나라는 인간의 토대가 그 위에 세워져 있었다. 처음으로 실패에 맞닥뜨리자—무언가를 성취하려는 마음을 먹을 수가 없게 되자—나는 무너졌다.

내가 정말 원하는 것은 무엇인가? 내가 진정으로 열정을 느끼는 것은 무엇인가? 나는 너무도 오랫동안 시키는 대로 열심히 달리느라 애초에 왜 그런 일을 시작했는지도 잊었다. 내가 무엇을 원하는지 잊고, 나 자신을 잃었다.

이런 상황을 타개하려면 나 자신을 알아야 한다는 결론을 내렸다. 내가 정말로 좋아하는 게 무엇인지, 그러니까 다른 사람이 내게 기대해서도 아니고 그 일이 내게 상을 안겨주어서도 아닌, 그냥 내가 하고 싶은 일이 무엇인지 알아야 했다.

나는 옥스퍼드대학교 도서관에 갔다. 과제나 지시가 있어서도 명예를 얻기 위해서도 아니었다. 여덟 살 때 일이 떠올랐기 때문이다. 놀이터에서 애비라는 아이가 내 친구들을 전부 등 돌리게 해서 나는 (지금처럼) 지독하게 외로웠다. 그 일이 왜 그토록 괴로웠을까? 왜 지금까지 내 마음에 남아 있을까? 당시에는 누구도 여학생의 공격성을 연구하지 않았기에,

내가 그 일을 시작했다. 그 일은 나에게 흥미로운 일, 오직 내가 좋아해서 흥미가 생긴 일이었다.

연구를 해나가다 보니 어린이 책을 쓰고 싶어졌다. 학교 폭력을 경험한 소녀들에게 그들이 혼자가 아니라는 것, 그런 일은 영원히 지속되지 않는다는 것, 그것이 그들의 잘못이 아니라는 것을 알리고 싶었다. 동시에 이제 옥스퍼드를 떠나야 한다는 것을 깨달았다. 나는 짐을 챙겨서 아파트를 나왔다. 그곳은 나와 맞지 않는다는 것, 내가 실수를 했다는 것을 인정해야 했다. 다른 사람들이 뭐라고 하건 상관하지 않기로 했다.

우리 가족은 크게 실망했다. 자신이 못 이룬 것을 내가 이루어서 기뻐했던 아버지는 제발 다시 생각해보라고 사정했다. 그런 기회를 저버리다니 제정신이냐? 배은망덕도 유분수지.

나는 일단 부모님 집으로 돌아갔는데, 그러자 옥스퍼드를 떠나겠다는 결심이 흐려졌다. 부끄러움만 한가득이었다. 내가 너무 나약하게 느껴졌다. 바사대학교의 임원은 내가 학교 이름에 먹칠을 했다고 말했다. 내 인생에서 아주 가슴 아픈 시기였다.

그러던 어느 날 친구에게 내가 생각한 어린이 책 기획안을 메일로 보냈다. 친구의 어머니가 출판사 편집자였기 때문이다. 그분은 기획안은 채택할 수 없지만 나하고 점심을 함께하고 싶다고 답장했다. 그때 아버지는 말했다. "설마 처음 접

촉한 편집자가 바로 오케이할 걸 기대한 건 아니겠지?"

나는 그분에게 전화를 하지 않을 뻔했다. 어쨌건 그분은 내 기획안을 거절했기 때문이다. 하지만 어린 시절을 보낸 방에 앉아서 먼지 낀 트로피 가득한 캐비닛을 바라보고 있자니 잃을 게 뭐 있어, 하는 심정이 되었다.

그분의 이름은 제인이었다. 제인은 나에게 학창 시절에 자신을 괴롭힌 친구를 고등학교 40주년 재회의 날에 만난 이야기를 했다. 자신은 그 경험을 잊지 않았다며 이렇게 말했다. "책의 아이디어는 좋아요. 하지만 어린이 책 말고, 정식 사회 비평서로 써보는 게 좋을 것 같네요." 그러더니 『내 딸이 여자가 될 때』를 아느냐고 물었다. 나는 물론 알고 있었다. 그것은 10대 소녀들을 다룬 책으로, 미국에서 100만 부 이상이 팔린 베스트셀러였다. 제인은 자신이 그 책의 편집자라고 했다.

이렇게 해서 나의 첫 책이 태어났다. 제인이 전체 과정을 안내했다. 나는 약간의 선금을 받았고, 로스쿨을 자퇴했다. 부모님은 이번에는 정말로 크게 화를 냈다. 아버지는 고함을 쳤다. "너는 기회란 기회를 족족 내다버리고 있구나."

하지만 상관없었다. 다시 로스쿨에 가고 싶어지면 그때 가면 그만이었다. 나는 이 책이 나를 치유하고, 나의 본모습을 찾아주기 바랐다. 필요한 생활비는 맨해튼에서 베이비시터로 일하며 벌었다. 그 밖에도 온갖 잡일을 했고, 쥐가 들끓는 브루클린의 아파트로 거처를 옮겼다. 하지만 나는 이제 내가 세상에서 가장 전념하고 싶은 일이 무엇인지 알았고, 그 일을 하고 있었다.

그 과정은 너무도 놀라웠다. 이 세상 수많은 편집자 가운데 나는 우연히 『내 딸이 여자가 될 때』의 편집자를 만난 것이다. 하지만 우연이었을까, 열정이었을까? 나는 운명을 믿지 않기에 어떤 면에서 내 열정이 나를 제인에게 이끌고 갔다고 생각한다. 내가 진정으로 원하는 것에 힘을 쏟았을 때, (성취의 욕망이 아니라) 심장이 이끄는 길을 갔을 때 진정한 성공을 이룬 것이다.

『소녀들의 심리학』이 나오고 일주일 후에 나는 〈오프라 윈프리 쇼〉에 나갔다. 책은 석 달 동안 〈뉴욕 타임스〉 베스트셀러 목록 상단에 있었다. 이런 것은 훌륭한 성취지만, 그건 중요한 것이 아니었다. 내가 깨달은 것은 우리가 내면의 진실보다 외면의 번듯함을 선택하면 자신의 강점들을 잃어버리게 된다는 것이다. 자기 인생의 주인이 되려면 열정을 발휘할 곳을 찾아야 한다. 그 열정이 우리의 가장 중요한 신념과 가치를 지탱해주기 때문이다.

레이철 시먼스의 조언

✦ '내면의 목소리'에 귀를 기울인다. 그 목소리는 우리가 피곤하거나 갈증을 느낄 때 우리에게 그 집단을 떠나야 할지, 그 멋진 셔츠를 사야 할지 등을 말해준다. 우리가 가는 길에 대해 그 목소리가 뭐라고 하는가? 열렬히 찬성하는가? 유보적인가? 아니면 "싫지만 해야 한다"고 말하는가? 일시적으로 귀를 막아도, 그 목소리는 점점 크고 불길해지며 무시할 수 없게 된다. 너무 늦기 전에 지금 그 목소리에 귀를 기울이자.

✦ 그만두는 일을 겁내지 말자. 남들이 어떻게 생각하건 무슨 상관인가? 우리 인생을 사는 건 남들이 아니라 우리다. 우리가 실망시키고 싶어하지 않는 사람들은 대개 우리의 행복을 원한다. 새로운 땅에 다다를 것을 믿고 과감하게 떠날 수 있어야 한다.

✦ 큰 실패는 어떤 학교나 심리치료, 돈도 안겨주지 못하는 지혜와 힘을 키워준다. 그것은 아기들이 뜨거운 걸 만지는 경험과 비슷하다. 한번 겪으면 아기들은 다시는 뜨거운 것에 손을 대지 않는다. 우리도 마찬가지다.

코리나 레이선_기업인

"창업을 하면서 대학을 떠날 때, 내 친구들은 남자고 여자고 모두 내 앞날을 걱정했다. 그 일이 잘되지 않으면 내가 수치를 겪고 백수가 될 거라고 하면서. 하지만 내 생각은 달랐다. 나는 실패가 두렵지 않았다. 그 자신감의 근거 하나는 '최악의 결과는 무엇인가?' 하고 자문한 일이었다. 그 대답은 내가 재미있는 일을 찾지 못하고 (꼬리를 내린 채) 대학으로 돌아갈지 모른다는 것이었다!"

코리나 레이선 박사는 최고로 멋진 직업을 갖고 있다. 로봇을 만드는 일이다. 그가 창업자 겸 CEO로 있는 엔지니어링 회사 '앤스로트로닉스'는 군인부터 뇌성마비 어린이까지 다양한 사람을 돕는 뛰어난 발명품을 만든다. 그중에는 군인들이 야간 순찰 중 조용히 손을 움직여 신호를 주고받을 수 있게 해주는 장갑도 있고, '코스모봇'이라는 대화 로봇도 있다. 코스모봇은 아이들이 물리치료 받는 과정을 재미있게 해주는 로봇이다.

레이선은 이런 활동으로 <포브스> <타임> <뉴요커>의 주목을 받았고, 메릴랜드주에서 '올해의 혁신가'로 뽑혔으며, <MIT 테크놀로지 리뷰> 선정 '세계 100대 혁신가', <패

스트 컴퍼니> 선정 '가장 창의적인 기업가들'에도 이름을 올렸다.

레이선의 가족은 예전부터 수학과 과학에 대한 그의 사랑을 적극 지지해주었고, 레이선은 이제 다른 여학생들에게도 그런 지지를 나누어주고자 한다. 이를 위해 여중생을 위한 프로그램 '청소년에게 힘을 주는 열쇠'를 열었고, 어린이를 위한 로봇 공학 프로그램 두 곳에서 자문위원으로 일한다. '세계 보건 엔지니어링'의 이사이기도 하다.

레이선은 스워드모어대학교에서 생물심리학과 수학을 공부했고, MIT에서 항공학과 우주항행학으로 석사 학위를, 신경과학으로 박사 학위를 받았다.

학술 분야에서 깊이 공부했다고 꼭 학계에 남아야 하는 것은 아니다

나는 어린 시절 <스타 트렉>을 좋아했고 주인공들처럼 우주인이 되어 우주를 탐험하고 싶었다. 또 학교 성적이 좋았고, 부모님의 격려에 힘입어 STEM(science, technology, engineering, math: 과학, 기술, 공학, 수학) 분야의 수업을 들었다. 그런 수업에는 항상 여학생이 아주 적었다. 여학생들이 이 분야를 기피하는 데는 몇 가지 이유가 있다. 미국의 수학 및 과학 교육이 엄청나게 지루한 것도 이유고, 연기, 노래, 스포츠 등의 분야가 미디어에서 화려하게 다루어지는 것도 그 이유다. 거기다 부모들과 교사들이 암암리에 젠더 편견을 갖고 있어서, 여학생들의 STEM 분야 진출을 적극적으로 막지는 않는다고 해도 부지불식간에 의욕을 꺾는 경우가 많다. 반대로 나는 많은 지지 속에 자신감을 키워서, 대학 1학년 때 공학 과목을 낙제했는데도 MIT에 진학해서 공학 석사가 되었다!

유일한 문제는 내가 공학 박사가 되고 나서 대학에 남는 실수를 저질렀다는 것이다. 나는 어려서부터 박사가 되고 싶었고, 학위를 받으면 교수가 되어야 한다고 생각했다. 다른 선택지는 별로 생각하지 않았다. 하지만 MIT에서 6년을 공부해보니 연구 중심 대학에서 논문 발표에 목숨을 거는 인생은 나와 맞지 않았고, 내가 원하는 것은 가르치는 일과 연구와 학과 업무의 균형이라는 생각이 들었다. 그래서 박사를 마친 뒤에 학부 과정을 중심으로 하는 훌륭한 2군 대학으로 갔다. 하지만 거기 가보니 대학은 어디나 대학이었다. 대학은 일단 몸을 담고 있으면 종신 재직권을 원해야 하고, 어떻게 해서든 그것을 얻어야 한다는 기이한 믿음을 지닌 종교 집단 같았다.

젊은 교수는 힘이 없어서 불이익을 당한다. 그들은 고참 교수들이 원하지 않는 강의를 최악의 시간대에 해야 한다. 그리고 준비도 많이 필요하고 에너지 소모도 많은 '신설' 과목을 가르쳐야 한다. (나는 처음 두 해 동안 여덟 과목을 가르쳤다.) 또 나는 공대의 유일한 여자 교수라서 거의 모든 위원회에 불려 다녔는데, 그런 활동은 실적으로 인정받지도 못했다. 내가 종신 재직권 심사를 받을 때 교수들은 "논문이 별로 없네요" 하고 말했다. 그것은 "그동안 대체 뭘 한 거죠?" 하는 말로 들렸다.

하지만 내가 대학을 떠난 큰 이유는 승진이나 종신 재직권 취득 실패 때문이 아니었다. 실제로 나는 둘 다 얻을 수 있었다. 내가 그만두기로 결정한 건 우리가 하는 연구의 무책임함 때문이었다. 우리는 로봇이 장애 어린이의 일상에 어떤 도움을 줄 수 있을지에 대해 논문을 쓰면 그걸로 그만이었다. 나는 생각했다. "여기 시장이 있어. 이 기술에는 수요가 있어. 이 아이들에 대해 연구를 하면서, 정작 부모들이 '그러면 우리 아이 물리치료를 더 재미있게 만들어줄 이런 로봇은 어디서 구할 수 있나요?' 하고 물을 때 그 사람들 눈을 보면서 '그런 건 없어요' 하고 대답하는 건 너무 무책임한 일이야."

이런 생각을 하고 있을 때 놀라운 일이 생겼다. 내가 다니는 대학교 바로 앞에 창업 지원 센터—신생 회사들이 가득 입주한 건물—가 들어선 것이다. 나는 사업을 생각해본 적이 없지만 그곳에 가서 물어보았다. "여기 지원하려면 어떻게 해야 하나요?"

나는 학생 두 명과 함께, 우리가 대학에서 시험하고 논문으로 썼던 로봇을 실물로 만드는 회사를 창업하겠다고 계획서를 썼다. 다른 지원금을 신청할 때와 똑같이 했다. 저쪽에서 묻는 것—시장은 무엇인가? 제품은 무엇인가?—에 대답하는 것이다. 별로 자신 없는 부분도 확신에 차서 대답했다. 센터는 우리 계획을 마음에 들어했고, 사업을 운영할 경영자를 구한다는 조건으로 우리를 입주시켜주었다. 우리는 그 조건을 충족시켰다. 나는 대학을 휴직했는데, 시작부터 일이 너무 재미있어서 돌아가지 않았다.

실패는 혁신의 일부다

우리 회사의 관심 분야는 기술과 인간의 인터페이스였고, 우리는 메릴랜드대학교의 '인간-컴퓨터 상호작용 연구실'과 함께 말하는 로봇 '코스모봇'을 개발했다. 어린이들은 웨어러블 센서로 이 로봇과 상호작용한다. 예를 들어 아이가 물리치료 중 팔을 드는 연습을 하면서 코스모봇에게 자신과 함께 팔을 들라고 명령할 수 있고, 이것은 치료에 도움이 되었다! 대화 연습이 필요한 자폐 어린이는 코스모봇과 대화를 주고받는 게임을 할 수 있었다.

우리는 로봇을 만들어 학교에서 시험까지 마쳤지만 미처 몰랐던 것이 있었다. "지원금 75만 달러로 로봇 한 대를 만들었고, 남은 건 두 개의 데이터 요소가 있는 프로토타입뿐이야. 이걸 양산하려면 큰돈이 필요해." 100만 달러를 더 마련했고 국립과학재단도 그만큼 지원해주었지만, 그래도 제품을 출시할 길이 없었다.

소비자 가전 혁명 덕분에 (그러니까 모두에게 스마트폰이 있어서) 우리는 어린이를 위한 대화 로봇을 충분히 개발할 수 있을 거라고 생각했다. 하지만 우리는 여러 가지 면에서 틀렸다. 가장 큰 문제는 하드웨어 제작이 어렵다는 것이었다. 실제 사물을 만드는 일은 기술적 난도도 높고 비용도 막대하게 든다. 매번의 제작이 완전히 새로운 과정이기 때문이다. 사업적 관점에서 우리 제품은 시장 파괴적 기술이기도 했다. 말하자면 일반적 사업 방식을 바꾸는 제품이고, 그 때문에 당연히 현재 시장에는 맞지 않았다. 어떤 사람들은 허공에서도 시장을 만들어내지만, 우리는 그러지 못했다.

하지만 그 대신 '미션 컨트롤'이라는 것을 만들었다. 그것은 그때도 지금도 멋진 인터페이스로, 우리 로봇에 들어가는 특별한 키보드였다. 거기에는 조광 스위치처럼 일반 키보드보다 훨씬 물리적인 인터페이스를 제공하는, 크고 둥글고

알록달록한 버튼이 있었다. 아이들이 사용하기에 편해 보였다. 우리는 여기에 기반한 학습 체계를 만들기로 하고, 호환가능한 교육 소프트웨어를 만들 전문가 팀을 꾸렸다. 이 모든것이 나중에 '코스모 학습 시스템'이라고 명명된 시스템이 되었고, 우리의 주력 제품이 되었다. 이 시스템은 상당한 인기를 끌어 여러 학교에서 구입했다. 나중에는 비장애 어린이, 자폐 어린이, 뇌성마비 어린이에게 보급되었고, 우리는 덕분에 아이디어에서 제작까지 총괄하는 제품 개발자 및 혁신가로 시장에 서게 되었다.

내 원래 분야였던 학술 연구계에서는 가설을 세웠다가 증명하지 못해도 '실수' 또는 '잘못'이라고 하지 않는다. 그런 경우는 '귀무가설을 반증하지 못했다'라고 한다. 한편 기업계 사람들에게는 실수가 훈장이 된다. "사업에 세 번 실패한 뒤 비로소 성공했다" 또는 "벤처 자본은 신규 사업가를 싫어한다. 실패 경험이 없기 때문이다" 같은 말이 있다. 우리는 모두 실수가 혁신에 필수적인 요소라는 것을 안다.

그래서 나는 STEM 분야와 기업계가 여성들에게 좋은 환경이라고 생각한다. 여자들은 흔히 자신에게 엄격한데, 이 분야는 실수를 받아들이고 계속 전진하는 것을 허용하기 때문이다. 오직 그 이유로 젊은 여성들에게 STEM 분야 진출을 설득할 수 있다면 그것도 좋은 일일 것이다.

코리나 레이선의 조언

✦ 여성들에게는 위험을 감수하는 일이 힘들 수 있지만, "나빠봐야 얼마나 나쁘겠어?" 같은 태도가 필요하다. 예를 들어 나는 회사가 실패해도 내가 주저앉지 않을 것을 알았다. 나는 누구도 빼앗아갈 수 없는 학위와 자격이 있고, 실패를 내면화하지 않을 회복력이 있었다. 실패로 나를 규정할 필요는 없다.

✦ 우리 제품 가운데 몇 가지는 시장에서 실패했지만, 그것도 세상에 우리 이름을 알리는 데 도움이 되었고, 우리는 그런 인지도를 활용해서 다른 계약을 따내고 새로운 제품을 개발했다. 그래서 우리는 '실패'를 업무의 일부, 혁신의 일부로 본다. 실수와 실책을 우리가 발전하는 과정의 일부로 본다면, 그것을 좀 더 높게 평가할 수 있을 것이다.

✦ 우리는 어떤 분야에서든 회복력을 시험받는다. 그런 시험은 떠나라는 신호가 되기도 한다. 내가 대학을 떠났을 때가 그랬다. 하지만 때로 그런 시기는 꿈을 실현하는 과정의 걸림돌에 불과하다. 그 차이를 구별하는 것은 어렵지만, 답이 꼭 하나만 있는 것은 아니다!

래니 귀니어_법학 교수

"나는 어린 시절 텔레비전에서 콘스턴스 베이커 모틀리 변호사가 아프리카계 미국인인 제임스 메러디스의 미시시피대학교 등교에 함께하는 모습을 보고 큰 감동을 받았다. 모틀리는 아주 강했다. 결연하고 진지했다. 미시시피주의 인종 분리 철폐 운동에서 여자가 그렇게 중요한 역할을 한다는 사실이 내 관심을 끌었다. 여자가 변호사가 될 수 있다는 것, 그것도 멋진 변호사가 될 수 있다는 사실도."

래니 귀니어는 1998년 하버드대학교 '베닛 보스키 법학 교수'가 됨으로써 하버드대학교 로스쿨 최초의 종신 아프리카계 미국인 여성 교수가 되었다. 하버드에 가기 전에는 카터 대통령 행정부의 법무부 인권국 특별 보좌관으로 있었고, 'NAACP LDF(전국유색인종 지위향상협회 법률지원 및 교육기금 기구)' 소속 변호사로 일했다. 1993년에 빌 클린턴 대통령은 예일대학교 로스쿨 동기인 그를 법무부 인권국장으로 지명했다. 하지만 그가 투표와 민주주의에 대해 쓴 글들이 보수 진영의 공격을 받자 대통령은 지명을 철회했다. 귀니어는 그 일에 우아하고도 여유롭게 대응했다. 그냥 물러나지 않고 그 기회를 활용해서 인종, 젠더, 법에 대한 공적 담론을 촉진한 것이다. 그는 이 주제를 다룬 책을 몇 권 출간했고, 그중에는 이 시절에 대한 회고록 『모두 목소리를 높이자: 민권운동의 좌절을 사회정의의 새로운 비전으로 만들기』도 있다.

귀니어는 뉴욕시에서 자랐다. 어머니는 공립학교 교사였고, 아버지는 일을 하면서 로스쿨에 다녔다. 그는 아버지가 퀸스의 세인트앨번스에서 맨해튼의 뉴욕대학교 로스쿨까지 버스와 지하철을 갈아타고 다닌 일을 기억한다. "아버지는 로스쿨을 사랑했다. 그리고 내 아들도 로스쿨을 사랑한다. 하지만 나는 로스쿨 시절보다 변호사 시절이 더 좋았다." 로스쿨에 대한 그의 감정은 다음 이야기와 관계가 있을 것 같다.

때로는 나와 맞지 않는 직업을 가져야
자신에게 무엇이 맞는지 알게 된다

1971년에 나는 인권 변호사가 되고 싶어 예일대학교 로스쿨에 갔다. 입학하기 전해에 예일대학교가 있는 뉴헤이븐은 아주 혼란스러웠다. 흑표범단[극좌 흑인운동 단체―옮긴이]이 그곳에서 재판을 받았기 때문이다. 대학 캠퍼스와 시내에서 벌어지는 시위가 로스쿨 분위기까지 흔들었다. 몇몇 교수는 흑인 학생은 무조건 전투적일 거라는 생각에 그들과 거리를 두었고, 그로 인해 흑인 학생들의 소외감과 분노는 더욱 복잡해졌다. 이유가 무엇이건 예일대학교는 전해보다 훨씬 적은 수의 흑인 학생을 받았다. 200명의 동급생 중 흑인은 열두 명뿐이었다. 하지만 학교의 흑인 네트워크는 강력했고, 우리는 막강한 연대감을 느꼈다.

2학년 때, 나는 '비즈니스 1'이라는 과목을 들었다. 그 과목 담당 교수는 매일 수업에 들어와서 "굿모닝, 젠틀맨들"이라고 인사를 했다. 그는 수업 첫날 강의실에 여자도 있다는 것을 인지했지만, 우리도 '법조계 신사'가 될 거라고 말했다. 그 말은 흑인 학생 시위나 뉴헤이븐에서 줄줄이 이어진 민사 및 형사소송들보다 더 큰 소외감을 안겨주었다. 그때 여성운동은 아주 초기였고, 변호사가 되려면 '신사'가 되어야 한다는 말을 듣고도 하소연할 사람이 없었다. 나는 그 말을 농담으로 넘겼다. 여성 문제와 관련해서는 인종 문제 같은 사회운동이나 의식이 (10년 뒤와 비교하면) 없는 것 같았다. 우리는 교실에서 투명인간이 된 것 같았다.

로스쿨 졸업 후 나는 데이먼 키스 판사의 재판 연구원이 되었다. 그는 디트로이트 연방 판사 자리에 오른 최초의 흑인 변호사 중 한 명이었다. 디트로이트와 내가 자란 뉴욕시는 분위기가 아주 달랐다. 디트로이트는 서로 너무 친근해서 처음에는 당황스러울 정도였다. 나는 낯선 사람에게 말을 건네는 일이 익숙하지 않았다. 뉴욕에서는 모두가 바쁘고, 아는 사람들에게도 말을 건넬 시간이 없기 때문이다. 반대로 디트로이트 사람들은 키스 판사에게 다가와서 인사하고 대화를 건넸다. 전부는 아니지만 대부분 흑인이었다. 하지만 흑인이건 아니건 그들은 항상 그에게 동지 의식과 존경을 보였다. 그는 바쁠 때도 사람들과 짧게라도 대화를 했다. 그는 나에게 거듭 가르쳤다. "누가 인사를 건네면 나도 거기 답해야 합니다. 그 사람이 내 이름을 안다면, 내가 그 사람 이름을 잊었어도 대화를 나눌 충분한 이유가 돼요."

나는 디트로이트의 따뜻함과 공동체 의식을 사랑하게 되어서, 재판 연구원 생활이 끝난 뒤에도 그곳에 남아 웨인 카운티 소년 법원의 판정관이 되어 (중범죄는 아닌) 형사 사건과 방치 및 학대 사건을 판결했다. 그 일은 겉보기에는 아주 좋았다. 보수도 좋고 지위도 전보다 높았기 때문이다. 하지만 나에게는 별로였다.

연방 판사 밑에서 일하면서 나는 주 법원과 소년 사법 제도에 대해 알아가고 싶었다. 막상 알게 된 사실은 별로 긍정적이지 않았다. 소년 법원은 도시와 공동체의 버려진 영역 같았다. 그곳에는 가슴 아프고 이상한 이야기가 가득했다. 어떤 부부는 아이 입양과 관련된 의무를 벗어던지고 싶어했고, 어떤 사회복지사는 거실 창문에 커튼이 없다고 아이 어머니에게서 양육권을 박탈하려고 했다. 나는 매일 아침 8시에 재판정에 나가서 여덟 개의 사건을 받았고, 그 일을 다 마쳐야 점심을 먹을 수 있었다.

보석금 산정 때는 벽장처럼 조그만 방에서 경찰관, 해당 소년, 때로는 소년의 부모와 마주 앉았다. 경찰은 피고 측 변호사와 사회복지사가 철저한 조사를 하지 못해서 나에게 주어지는 정보가 한정적이라고, 보석금을 높이 산정해서 소년범의 석방을 막아달라고 요구하곤 했다. 나는 로스쿨에서 보석금 산정은 피고를 재판에 출석시키는 것을 목표로 해야 한다고 배웠다. 피고 소년이 이 자리에 나타나면, 특히 부모와 함께 출석하면, 그들이 갱생할 거라 믿고 적절한 보석금을 산정했다. 하지만 내가 소년을 풀어주면 경찰관들—그러니까 내 동료들—은 암암리에 나에게 비협조적으로 굴었다. 내 의견을 바꿔야 한다는 압력이 있었고, 나는 그런 상황이 싫었다. 이런 일은 마치 교향곡을 들으러 갔는데 하모니카 독주만 듣는 것 같았다. 거슬리고 불만족스러웠다.

당연히 업무 성과도 뛰어나지 않았다. 나는 내가 가진 강점을 발휘할 수 없었고 정신력도 흔들렸다. 가게에서 10대 청소년이 "안녕하세요, 귀니어 판사님" 하고 인사하면 공연히 불안했다. 이 아이가 어떻게 나를 알지? 내가 이 아이에게 무슨 일을 했을까? 나는 퇴근하고도 여전히 법원을 떠나지 못한 것 같았다.

하지만 우리 어머니는 항상 실수는 배움의 기회라고 했다. 이런 일을 통해 내가 얻은 중대한 교훈은 내가 판사가 되고 싶지 않다는 것이었다. 이것은 큰 깨달음이었다. 법조계에서 존경받으려면 판사를 지망하는 것이 당연하다고 여겨진다. 나는 내가 재판을 하고 싶어하지 않는다는 것을 깨달았다. 목격자를 직접 만나서 사실을 파악하지도 못하고 또 100퍼센트 신뢰할 수 없는 정보에 토대해서 결정을 내려야 했기 때문이다. 나는 그것이 싫었고, 그 지점을 이해하는 것이 핵심이었다.

뛰어난 팀의 일원이 되면
직장 생활의 모든 것이 달라질 수 있다

나는 평생 콘스턴스 베이커 모틀리(1921~2005) 같은 인권 변호사가 되고 싶어했다. 그래서 법무부 인권국의 검찰 부총장 드루 S. 데이스 밑에서 일할 기회가 생기자, 디트로이트를 떠나 워싱턴 DC로 갔다. 1980년 로널드 레이건이 대통령에 당선되자, 데이스는 법무부를 떠나 예일대학교 로스쿨로 갔다. 나도 운이 좋았다. 꿈꾸던 일터인 전국유색인종 지위향상협회 법률지원 및 교육기금 기구—내가 어린 시절 텔레비전에서 본 콘스턴스 베이커 모틀리가 일하던 곳—에 들어갔다. 1965년 통과된 흑인투표권리법이 1982년에 효력 종료를 앞두고 있었다. 나는 내가 입법 지원 활동을 하게 될 줄은 몰랐지만 이 법의 개정을 위해 일하는 것은 아주 즐거웠다. 입법 팀의 일원이 되어 역사를 만드는 법률가, 사회운동가, 국회의원 들과 함께 일하는 것이 보람 있고 즐거웠다. 흑인투표권리법 개정 뒤에는 법률지원 및 교육기금 기구 뉴욕시 지부로 갔고, 어린 시절의 롤모델과 같은 일을 하게 되어 너무 기뻤다. 이제 나는 인권 변호사가 되었다.

이 기구에서 일하는 것은 아주 특별했다. 아침에 출근하면 나는 그곳의 모든 사람이 내 편이라는 것을 느꼈다. 아무 방에나 들어가서 "어려운 사건이 있어요" 하고 말하면, 사람들은 하던 일을 멈추고 함께 그 일을 의논해주었다. 나는 동료들과의 협력을 통해서 이런 싸움은 혼자 할 수 없다는 것, 실패로 이어지는 길은 아주 많다는 것을 배웠다.

나에게 협력과 정신적 연대는 에너지 보충 같았다. 소년법원에는 팀이 없었다. 모두 각자의 법정을 갖고 있을 뿐이었다. 나는 판정관으로서 다른 사람의 인생에 대해 판결을 내리면서도 여덟 사건을 점심 식사 전에 처리해야 했기에 누구와도 의논할 수 없었다. 거기다 판정관에게는 증인을 만나거나 판사실을 떠나는 일이 금지되어 있었다. 나는 탐정이 될 수 없었다. 즉 진짜 이야기를 찾아낼 방법이 없었다. 그 일이 (어쨌건 어떤 사람들에게는) 법률지원 및 교육기금 기구보다 사회적 지위도 보수도 더 높다고 해도, 그것은 사회를 회복시키는 일이 아니었다. 반대로 기구의 일은 충만감을 안겨주었다. 그곳은 경기에 한참 열중한 풋볼팀이나 농구팀과 비슷하다. 모두가 서로에게 공을 패스하고 누구도 주인공으로 나서지 않는다. 팀으로 성공한다는 공동 목표를 위해 모두가 협력하기 때문이다.

내 초기 경력 이야기는 해방의 이야기다. 출세길을 걷는 것, 점점 더 높은 지위와 권력을 얻는 것이 최고의 성공이라는 관념을 떨치는 일은 우리를 해방시킨다. 내 소중한 가치를 억누르거나 무시해야 하는 일, 나의 지적 관심을 잠재우고 내가 정말로 공정하고 정의로운지조차 판단하기 어렵게 만드는 일은 지위와 권력을 아무리 안겨준다고 해도 가치가 없다.

래니 귀니어의 조언

✦ 내가 디트로이트 생활에 만족하고 있을 때 우리 어머니는 "네 나이에 벌써 중년처럼 살면 안 된다"며 나더러 법무부 인권국의 제안을 받아들여 워싱턴 DC로 가라고 했다. "디트로이트가 너에게 맞는다고 생각하면 언제든 다시 돌아가면 된다"는 게 어머니 말씀이었다. 때로는 어느 장소에 만족해도 거기 머무르는 것이 현명하지 않은 경우도 있다. 모험을 해도 괜찮다.

✦ 우리가 일을 하면서 진정한 만족감을 얻지 못한다면, 돈과 사회적 지위만이 전부가 아님을 기억하라.

✦ 나는 내 학생들에게 하워드 서먼의 말을 자주 들려준다. (그는 마틴 루서 킹 2세에게 큰 영향을 미친 신학자다.) "세상이 무얼 원하는지만 묻는 건 그만하라. 자신을 깨어 있게 하는 일이 무엇인지 묻고 그 일을 하라. 세상은 깨어 있는 사람을 원한다."

일리애나 히메네스 _교사

"나는 서른 살이 되기 전에 세 가지 일을 하기로 했다. 뉴욕으로 이사하기, 내 이상과 목적에 맞는 학교 찾기, 가족과 직장 동료에게 커밍아웃하기가 그것이었다. 그것을 모두 해냈을 때 내 경력은 훨씬 더 강력하게 도약할 수 있었다."

고등학교에서 일리애나 히메네스를 만나는 운 좋은 학생들은 페미니즘, LGBT(레즈비언, 게이, 바이섹슈얼, 트랜스젠더) 문학, 토니 모리슨, 자전 에세이 쓰기 수업을 들을 수 있다. 히메네스는 뉴욕시 '리틀레드스쿨하우스 앤드 엘리자베스어윈 고등학교'의 영어 교사로, 학생들에게 성희롱, 성착취 인신매매, 여성에 대한 미디어의 성적 대상화, 퀴어 청소년 문제에 대한 의식을 높여주는 교육도 한다. 히메네스는 교사로서 "청소년들이 진짜 토론을 통해 자신뿐 아니라 세계를 변화시키도록" 만드는 것을 목표로 한다.

미국여성협회 뉴욕 지부는 그가 고등학생들에게 페미니

즘과 사회운동을 가르친 공로를 높이 사 2012년 히메네스에게 '수전 B. 앤서니 상'을 수여했다. <페미니스트 프레스>는 2010년에 그를 '40세 이하 페미니스트 40인'에 선정했다.

히메네스는 <페미니스팅> <허핑턴 포스트> <미즈> <온 더이슈스> <위민스 미디어 센터> 등의 매체에 교육과 페미니즘 관련 글을 썼다. 그의 블로그 <페미니스트 교사>에는 교실에서 페미니즘과 사회정의를 가르칠 참신한 아이디어들이 가득하다. 그는 트위터 해시태그 #HSfeminism(고교 페미니즘)을 통해 미국과 전세계 교사들이 서로 대화하게 만들기도 했다.

히메네스는 미들베리대학교 브레드로프 영문학 대학원에서 영문학 석사 학위를, 스미스대학교에서 영문학 학사 학위를 받았다. 2010/11년에는 풀브라이트 상 교육 부문을 수상했다.

자신이 개인적, 정치적 가치를 몹시 중시해서 그것이 맞지 않는 사람들과 함께 일하기 힘든 사람이라면, 시간을 들여 자신에게 맞는 일터를 찾아라

나는 고등학교 시절 제임스 조이스의 『젊은 예술가의 초상』에 깊이 공감했다. 그 책의 주인공은 운동장에서 친구들에게 괴롭힘을 당했다. 나도 운동장에서 괴롭힘을 당했다. 그는 밤에 이불을 뒤집어쓰고 시를 썼다. 나도 시를 썼다. 그는 닥치는 대로 책을 읽었고, 대학에 진학한 뒤 가톨릭교회에 의문을 품는다. 나는 푸에르토리코 출신 가톨릭 집안에서 자라면서 모든 것에 의문을 품었다. "왜 뉴욕에 사는 푸에르토리코 소녀에 대한 책은 없을까? 그 여자아이들의 이야기를 알고 싶어."

나는 여성 작가들이 젊은 예술가의 삶에 대해 쓴 글을 읽기 시작했고 시몬 드 보부아르, 케이트 밀릿, 샌드라 길버트, 수전 구바를 통해 페미니즘 이론에 입문했다. 하지만 그들은 모두 백인 여자였다. 나중에 대학에 가서 라틴아메리카 여성 작가 수업을 들었고 (공식적으로 1학년은 들을 수 없는 수업이었다) 마침내 평생 기다리던 책을 읽었다.

체리 모라가의 『전쟁 시절의 사랑』은 가장 큰 전환점이 되었다. 라틴아메리카 여성의 정체성, 퀴어의 정체성, '비백인'의 언어를 담은 책은 처음이었기 때문이다. 그가 자신의 그런 부분에 이름을 붙이고, 그 모든 것이 공존할 수 있다고 말한 것만으로도 나는 오래전부터 필요했던 언어를 얻은 것 같았다. 그 책은 나에게 살아 있다는 느낌을 주었다. 나는 더 이상 혼자가 아니라고 느꼈다. 모라가를 비롯한 작가들은 내가 나의 고투를 이해하는 데 등대 역할을 해주었다.

나는 모라가 같은 목소리를 세상에 알리고 싶었다. 다른 사람들에게도 이들의 경험을 담은 위대한 문학이 있다고 알리고 싶었다. 그래서 교육자가 되었다. 나는 학생들이 자기 목소리가 외면당한다는 느낌을 받지 않게 해주고 싶었다. 학교 커리큘럼이 학생들의 삶을 담지 않으면 소외감과 정신적 외로움을 안겨준다고 생각했다. 교사 시절 초기 워싱턴 DC 외곽의 어느 여학교로 발령이 났다. 나는 처음부터 영어과 커리큘럼에 유색인종과 퀴어 작가의 작품이 별로 없는 일에 대해 토론하고 싶었다. 또 학생들에게 '홀로코스트' 같은 역사가 담긴 작품을 읽히고 싶었다. 내가 제안한 작품들은 적어도 내가 볼 때는 과격하지 않았다. 예를 들면 나는 중학생들은 엘리 비젤의 『밤』을 읽어야 한다고, 고등학교 커리큘럼에는 라틴 계열과 흑인 작가가 포함되어야 한다고 생각했다. 몇몇 교사가 반발했다. 나는 왜 우리가 학생들에게 가르치는 내용에 대해 깊이 있는 토론을 하지 못하는지 이해가 되지 않았다.

그곳에서 일한 지 2년 정도 되었을 때 영어과 대표 교사가 나를 불렀다. 나는 내가 가진 생각들에 대해서 대화를 나눌 줄 알았지만 그 만남은 전혀 다른 성격의 것이었다. 그는 나를 자신의 교실로 데리고 갔다. 그 교실은 학교에서 가장 좋은 교실 중 하나였다. 바닥에는 카펫이 깔려 있고, 창밖으로는 잘 가꾼 잔디 운동장이 내다보였다. 그녀는 둥글게 배치된 빈 책상 한 곳에 앉으라고 손짓했다. 그리고 자신도 앉더니 직접 쓴 편지를 건넸다. 글씨는 작고 줄 간격은 좁았으며, 분량이 세 장이나 되었다.

"이걸 좀 읽어주세요." 그가 말했다.

나는 스물다섯 살이었다. 우리 과의 대표 교사에게 편지를 혼자 읽고 다시 만나도 되느냐고 물어볼 권위나 힘이 있다고 느끼지 못했기에 그 앞에 앉아서 편지를 읽었다. 편지에는 "선생님은 독선적인 것 같다"느니 "선생님 방식은 오만해 보인다" 같은 문장이 가득했다. 더 나아가서 그는 내가 새로운 책들로 커리큘럼을 꾸리려고 하는 일이 "영어과의 사기를 해친다"고 썼다.

'이건 아니야' 하고 생각했던 일이 기억난다. 그 편지는 권력 관계를 신기하게 변화시켰다. 대화를 나누려고 온 사람에게 편지를 주고 자기 앞에서 읽으라고 하는 것은 잘못된 일 같았다. 또 나의 새로운 아이디어들에 대한 그의 평가도 옳지 않은 것 같았다. 편지를 다 읽자 속이 울렁거렸다. 그가 편지라는 수단을 써서 진정한 대화를 피했다는 느낌이 들었다.

그가 나에게 자신이 하고자 하는 말을 이해했느냐고 물어서 그렇다고 대답했다. 하지만 그것은 우리 대화가 거기서 더 나아갈 수 없다는 충격 때문이었다. 그는 이어서 편지의 내용은 자신만의 생각이 아니고, 영어과의 다른 교사들도 자신에게 커리큘럼을 바꾸자는 내 요구가 부적절하다고 전했다고 했다. '왜 그 선생님들이 나에게는 말하지 않은 거지?' 그런 생각이 들었지만 어쨌건 사과했다. 그리고 내가 그런 아이디어들을 내고 이메일을 보낸 것은 대화를 시작하려는 의도였지 고참 선생님들의 기분을 나쁘게 하려고 그런 건 아니었다고 말했다. 이야기가 마무리되자 그는 편지를 돌려달라고 했고, 그렇게 해서 처음부터 끝까지 대화 전체를 자신의 의도대로 통제했다.

그 뒤로 나는 이 순간을 많이 돌아보았다. 내가 다르게 행동할 여지가 많았기 때문이다. 왜 그때 "이 편지는 혼자 읽고 나서 다시 선생님과 만나야 할 것 같네요. 그리고 편지 사본을 하나 갖고 싶어요"라고 말하지 못했을까? 오늘날까지도 나는 그 일의 증거가 없다! 하지만 그때 나는 어렸고, 용기가 없었고, 교사 세계의 정치를 헤쳐나갈 방법을 잘 몰랐다.

나는 한편 우리가 (학교 같은) 기관을 변화시키려고 할 때는 동맹군, 즉 생각과 가치를 공유하는 사람들을 찾아야 한다는 것도 배웠다. 그 사람들은 어디에나 있지만 찾는 데 시간이 필요하다. 이상적인 것은 내가 고참 교사와 짝을 이루어서—과목이 달라도 상관없다—내가 '제멋대로 날뛰는 문제 교사'가 아니라 다른 교사들과 함께 새로운 방법을 찾고자 하는 교사라는 걸 보여주는 것이었다. 그러면 어쩌면 영어과 대표 교사는 커리큘럼에 문제를 제기하는 것이 나뿐이 아니라고 생각했을 것이고, 나를 자기 앞에 앉혀놓고 편지를 읽히는 일을 하지 않았을 수도 있다. 그 만남 이후 1년 정도 지났을 때 마침내 동맹군을 찾았다. 그는 연극과 교사로, 내 중요 파트너 겸 옹호자가 되었다. 그와 나는 협력 수업을 열었고, 그 커리큘럼에 여성 극작가들도 넣었다.

그 학교에서 보낸 5년 동안 나는 교사로서 많은 것을 배웠다. 초보 교사로서 강의를 계획하는 법을 배우고, 중요한 수업 기술들도 익혔다. 하지만 학생들에게 내가 읽히고 싶은 텍스트를 교실 문을 닫고 소개하기도 했다. 그때 영어과 대표와 면담한 이후로도 내 커리큘럼이 학교의 방침과 맞지 않는다는 말을 많이 들었기 때문이다. 나중에는 결국 흑인이나 라틴아메리카 여성 작가들에 대한 강의를 승인받았지만, 그때 나는 이미 정신적, 육체적으로 지쳐 있었다.

또 한 가지 문제가 있었다. 그 시절 나는 퀴어로 커밍아웃하기가 두려웠다. 내가 늘 관찰과 주시를 받는 것 같았기 때문이다. 영어를 가르치는 라틴아메리카 교사로서 나는 이미 그 학교에서 특이한 사람이었다. 양육자들은 늘 나에게 스페인어 교사냐고 물었다. 유색인종 여성이 퀴어로 커밍아웃하는 일은 위험해 보였다. 그러면 더 감시를 받고 교실 안으로 고립될 것 같았다. 교사들에게 커밍아웃하는 일이 안전하게 느껴지지 않았고, 학생들에게―나는 학생들과 친했지만―거부당

할 수도 있을 것 같았다. 나는 그런 자신이 위선적으로 느껴졌다. 여학교 교사로서 젊은 여성들이 자신의 진정한 모습을 이해하고 실현하도록 돕고자 하면서도 나 자신이 그런 모범이 되지 못했기 때문이다.

나는 내가 나 자신으로 살 수 있는 곳, 다른 이들과 협력할 수 있는 곳, 커리큘럼에 다양성을 담을 수 있는 곳, 또 어느 정도 자율을 누릴 수 있는 곳으로 옮기고 싶어서 탐색을 시작했다. 뉴욕시 그리니치 빌리지에 있는 엘리자베스어윈 고등학교가 그런 곳이었다. 이 고등학교는 '리틀레드 스쿨하우스'의 일부로, 리틀레드 스쿨하우스는 스미스대학교 동문인 엘리자베스 어윈이 1921년에 세운 학교다. 엘리자베스 어윈은 진보적 교육가로 존 듀이가 이끄는 진취적 교사 집단의 일원이었으며, 역시 레즈비언이었다. 우리 사이에는 50년이 넘는 시간이 가로놓여 있었지만, 그가 진보적 레즈비언 교육가였기에 나도 그 학교에 가서 아이들을 가르쳐야 할 것 같았다.

나는 그곳에서 일을 하면서 천천히 커밍아웃을 했다. 처음에는 친한 동료 몇 명에게, 그리고 마침내 수업 시간에 학생들에게도 했다. 그곳에서 이미 커밍아웃한 학생들을 평생 처음으로 만났기 때문이다. 라틴아메리카 출신 퀴어로 멘토가 필요한 방황하는 여학생을 보자, '이 학생 앞에서 거짓된 인생을 살 수 없다'는 생각이 들었다. 그 학생을 만난 덕분에 나는 교실에서 진실한 인간으로 설 수 있었다.

엘리자베스어윈 고등학교에서는 또 비슷한 생각을 가진 동료들과 협력할 기회가 생겼다. 그들은 고교 교사란 학생들에게 기술만 가르칠 게 아니라—그것도 매우 중요하지만—자신과 세상을 변화시킬 무기도 쥐여주어야 한다고 생각했다. 운영진도 동료들도 나를 믿어주는 학교, 내가 불필요한 부담 없이 편안하게 전문가로서 또 여성으로서 (나만을 위해서가 아니라 학생들을 위해서도) 자아를 실현할 수 있게 해주는 학교를 찾은 것은 내 인생의 중대한 전환점이 되었다. 나는 어떤 분야에서도 그런 환경을 찾는 일이 중요하다고 생각한다. 우리가 스스로에게 편안해야 인생을 만끽할 수 있기 때문이다.

일리애나 히메네스의 조언

+ 직장이 자신과 안 맞으면 힘들 뿐 아니라 때로는 고통스러울 수 있다. 나는 내 가치관과 맞는 직장을 찾기 위해 경력개발 전문가와 상담하고 내가 원하는 곳에 이미 진입해 있는 사람들을 찾아갔다. 원하는 게 무엇인지 정해지자. 나는 탐색 분야를 정해 내 분야에서 직장 탐색을 도와줄 사람들—특히 다른 진보적 교사들, 그리고 유색인종 교사를 위한 취업 박람회 참석자들—과 관계를 맺을 수 있었다.

+ 사회운동에 참여하고 싶은 많은 젊은이가 "나는 세상을 변화시키는 이 길을 혼자서 갈 거야!" 하고 생각한다. 나만 해도 시간이 어느 정도 지나서야 최선의 활동은 협력을 통해 이루어진다는 것을 깨달았다.

+ 어떻게 해야 생각이 같은 동료를 찾을 수 있을지 엄두도 나지 않을 수 있다. 나는—특히 내 분야 바깥의—콘퍼런스에 나가서 발표하는 방식으로 동료와 멘토를 찾았다. 다른 분야 사람들과 교류를 하면 더 넓은 네트워크를 통해 예기치 못한 멘토링과 혁신적 지원도 얻고, 때로는 자기 가치와 일치하는 공간도 찾을 수 있다.

+ 자신의 본모습으로 직장 생활을 하면 우리는 자부심을 품고 높은 생산성을 발휘할 수 있다. 유색인과 성소수자는 직장에서 고립감을 느끼는 일이 흔하다. 나는 유색인과 성소수자를 지원하는 전문가 집단과 행사를 찾아가 나 자신을 돌보는 데 중요한 도움을 얻었다.

리사 러츠_작가

"나는 완벽한 책을 쓴다거나 다른 작가들보다 더 좋은 책을 쓰겠다는 생각은 하지 않았다. 그냥 '책을 쓸 거야' 하고 생각했을 뿐이다. 다른 사람은 쓸 수 없는 책이었다. 나는 나밖에 없기 때문이다."

리사 러츠는 느슨한 분류에 따르면 범죄소설 작가지만, 스펠먼 가족 미스터리 시리즈는 아주 코믹하기도 하다. 그는 멜 브룩스와 세라 실버먼 같은 코미디언에게서 큰 영향을 받았다. "나는 어릴 때도 코미디와 코미디언들을 좋아했고, 지금도 웃음으로 끝나는 비현실적인 설정을 좋아한다." 그녀는 <크라임스프리 매거진>에 말했다.

러츠는『네 가족을 믿지 말라』『네 남자를 믿지 말라』『네 아내를 믿지 말라』『네 집사를 믿지 말라』『스펠만 가족의 자취』『마지막 말』『앞면이면 네가 진다』(데이비드 헤이워드와 공저), 그리고 어린이 책『모든 것의 협상법』(제이미 터메릭 그림)

을 출간한 <뉴욕 타임스> 베스트셀러 작가다. 알렉스 상을 받았고, 에드가 소설상 후보에 오르기도 했다.

러츠는 캘리포니아 주립대학교 샌타크루즈 캠퍼스, 캘리포니아 주립대학교 어바인 캠퍼스, 영국 리즈대학교, 샌프란시스코 주립대학교에 다녔지만 학사 학위를 받지는 못했다. 1990년대는 거의 내내 <플랜 B>라는 영화의 시나리오를 쓰면서 보냈다. 조폭 코미디였다. (<살롱>의 기사「할리우드 배신자의 고백」은 그 과정을 자세히 설명한다.) <플랜 B>는 2000년에 영화로 만들어졌지만, 러츠는 이제 시나리오를 쓰지 않을 것을 알았다.

자신의 재능을 활용할 방법에 대해
유연하게 생각하라

새아버지는 냉혹한 분이었다. 누가 실수를 하면 가만두지 않았다. 어린 시절에도 나는 그게 잘못이라는 걸 알았다. 그리고 그가 사람들을 대하는 것을 보며 생각했다. '아버지는 못됐어요. 그건 정말 실수예요.' 사실 나는 우리 부모님의 행동을 보고 그 반대를 택하는 방법으로 사회적 태도를 익혔다. 사사건건 조심하는 게 뭐가 좋은지 알 수 없었고, 새아버지의 엄격함에 대한 반항으로 일부러 일을 망치곤 했다.

그래서 새아버지에게 많은 상처를 받았지만, 부모님의 비난을 다른 아이들처럼 받아들이지는 않았다. 나는 그들이 '정상'이 아니라는 걸 알았기에 그들의 말은 선생님 같은 다른 사람만큼 내게 영향을 미치지 못했다. 내가 다른 사람들의 '완벽 유전자'—할 일을 목록으로 작성하거나, 책을 알파벳순으로 정돈하는 등—에 공감하지 못하는 것은 이런 어린 시절의 경험 탓도 있다. 그리고 이런 성격은 내가 작가가 되는 데 일조했다. 자신에게 너무 많은 것을 기대하는 완벽주의 작가는 무력감에 빠질 수 있다. 오히려 실수와 실패가 좋은 결과를 낳을 수 있고, 어쩌면 내 인생이 바로 그 예다. 나는 첫 시나리오의 처절한 실패를 통해 소설가라는 현재의 직업을 얻었기 때문이다.

나는 전문대 재학 시절 친구의 영화 대본을 읽고서 나도 대본을 쓰고 싶다는 생각을 했다. 그래서 졸업 후 직장 생활을 하면서 시나리오를 썼다. 그중 하나인 〈플랜 B〉는 우연히 조폭에 휘말리게 된 여자의 이야기다. 죽여야 할 사람이 생기면 주인공은 항상 그 사람을 플로리다의 오빠 집으로 데려간다는 내용이다. 몇 년 후 내가 에이전시와 계약하자 몇몇 제작사에서 그 시나리오에 관심을 보였고, 나는 1달러를 받고 어느 제작사에 옵션을 주었다. 그 회사에 영화를 만들 독점적 권리를 준 것이다. 제작사는 나에게 대본을 열 번 이상 고쳐 쓰게 했다. 마침내 영화 제작 계약을 맺은 뒤에도 다시 두 번을 (한 번은 유급으로, 한 번은 무급으로) 고쳤지만, 그들은 결국 나를 해고하고 다른 시나리오 작가를 데려다가 대본을 다시 고쳤다. 그런 뒤 제작사는 결국 시나리오를 버렸다. 내 에이전시는 계속 시나리오를 영업했고, 결국 새로운 제작사가 그것을 가져다 썼다. 이때 나는 대본을 스물다섯 번 이상 고쳐 썼고, 그 결과 대본은 매우 훌륭했다(고 나는 생각했다). 하지만 최종 제작사는 내 대본을 자기들 마음대로 망쳐놓았다. 그런 뒤 극도의 저예산을 책정했고, 그 결과 2000년에 개봉한 영화는 대실패였다.

영화는 극장에서 단기 개봉했고, 몇몇 작은 영화제에서 상영되었지만, 〈할리우드 리포터〉에서 영화의 대사가 "고통스러울 만큼 재미없다"고 말했을 때, 나는 시나리오 작가로서 내 경력이 끝났다는 걸 알았다. 누구도 내가 쓴 시나리오를 영화로 만들려고 하지 않을 것이다. 이 일에 나는 깊은 슬픔과 동시에 기이한 해방감을 느꼈다. 시나리오 집필은 그동안 소명처럼 여긴 일이었고, 그걸 버리는 것은 진정한 상실 같았다. 하지만 살면서 무엇을 할지 폭넓게 생각할 기회가 되었다.

나는 친구들과 앞날에 대해 이야기를 했다. 펭귄 출판사 마케팅 부서에서 일하는 친구가 한 명 있었다. 그는 내가 생각하는 내 최고의 시나리오—〈네 가족을 믿지 말라〉—를 읽어보고 마음에 든다고, 그걸 소설로 써보는 게 어떠냐고 물었다.

그런 생각은 해본 적이 없었지만 시도해보기로 했다. 다른 선택지가 없었기 때문이다. 그러니까 최후의 수단으로 소설을 쓴 것이다. 나는 삼촌의 회계 사무소에서 비서로 일하면서 책을 썼다. (소득 신고 기간에는 그야말로 스테이플 철하는 일로 생계를 유지했다.) 하지만 다른 일을 하면서 소설을 쓰기는 너무 힘들었다. 돈이 약간 모이자 뉴욕주 북부에 있는 친척의 빈집을 빌렸다. 9월에 들어가 4월에 소설을 들고 나왔다. 시나리오 집필에는 규칙이 많았다. 나는 소설을 쓸 때는 어떤 규칙에도 구애받지 않기로 마음먹었다. 독자들이 재미있게 읽을 수만 있다면 성공한 거라고 생각했다. 나는 가능한 한 재미있는 책을 쓰고 싶었다. 그런 생각 덕분에 전통적인 소설 구조를 뛰어넘을 수 있었다. 『네 가족을 믿지 말라』에 전통적인 것은 아무것도 없다. 그것은 어떤 장르에도 맞지 않는다. 각종 목록, 사본, 사건 기록, 각주까지 담겨 있다. 책을 쓸 때 나사가 약간 풀려 있긴 했지만 살아 있다는 느낌이었다.

기쁘게도 『네 가족을 믿지 말라』는 성공을 거두었고 〈뉴욕 타임스〉 베스트셀러가 되었다. 출판사에서 대규모 북투어를 꾸렸고, 나는 전 세계를 돌면서 강연을 했다. 시나리오 집필로 실패를 거듭하던 시절에는 내가 언젠가 소설 여섯 편을 출간한 작가가 되어 있을 거라는 생각은 해본 적이 없다. 지금도 가끔 "어떻게 이런 일이 일어났지?" 하는 생각에 놀란다.

대중 강연을 하게 되면 제대로 준비하라.
대중을 상대할 방법을 모르면 도움을 청하라!

첫 번째 북투어 때 나는 기뻐해야 했지만 동시에 두려웠다. 나는 출판 계약을 맺게 된 일이 너무 기뻐서 출판사가 원하는 것을 다 하기로 했다. 하지만 빈 여행 가방을 들여다보면서, 다른 작가들과 함께하는 버지니아 주니어 리그〔비영리 봉사 단체—옮긴이〕 강연에 어떤 옷을 입고 가야 하나 생각하니 막막함이 밀려왔다.

나는 어떤 옷을 입어야 할지뿐 아니라 무슨 말을 해야 하는지도 몰랐다. 홍보 담당자에게 강연 주제가 뭐냐고 물었더니 "아무거나요"라는 답이 왔다. 그는 그게 당연하다고 생각하는 것 같았지만 나는 그렇지 않았다. 사람들이 왜 내게서 이야기를 듣고 싶어하는가? 그들은 무엇을 알고 싶어하나? 나는 가장 먼저 떠오른 것을 주제로 잡기로 하고, 연설을 하지 않겠다는 내용의 연설문을 작성했다. 도움을 구했다가 실패했다는 일화도 하나 넣었다. 나는 연설문을 가방에 챙겨넣었지만, 그걸로 해결되지 않을 것 같은 기분으로 버지니아행 비행기에 올랐다.

그날 밤 강연자들이 함께 저녁 식사를 했다. 그들은 베테랑 작가였고, 북투어가 처음인 작가는 나뿐이었다. 식탁에 앉아 그들이 강연에 대해 하는 이야기를 듣고 있자니 음식이 넘어가지 않았다. 포크를 들 힘도 없었다. 눈앞이 캄캄했다. 심장이 쿵쿵거렸고, 공황 발작이 닥칠 것 같았다.

누군가 나에게 물었다. "리사, 괜찮아요?"

내가 말했다. "저는 강연을 하지 않겠다고 말하려고 했어요." 그러자 식탁이 조용해졌다. 그런 말은 통하지 않을 게 분명했다.

"사람들이 알고 싶어하는 건 선생님의 집필 과정은 어떤가, 어떻게 해서 여기까지 왔나, 이런 거예요." 다음날 행사 사회자인 스티브 로버츠 기자가 말했다(그는 저널리스트 코키 로버츠의 남편이다). 그는 별일 아니라는 듯, 그런 대답은 내가 입만 열면 할 수 있다는 듯이 말했다. 하지만 나는 그럴 수 없었다. 스티브는 나더러 방에 가서 제대로 된 연설문을 작성해보라고 했다. 다음 날 직접 코치해주겠다고.

나는 방으로 돌아와 작은 책상 앞에 앉아 노란 공문 용지에 글을 끼적였다. 디지털시계가 11시, 12시를 지나 1시를 가리켰다. 마침내 연설문 초고가 완성되었다.

아침이 되자 스티브는 나와 함께 식당에 앉아 커피를 마시며 내 연설문을 검토하고 조언을 해주었다. 이것은 빼고, 이것은 조금 더 길게 하세요 하는 식으로. 그리고 재미있는 대목―내가 그 책을 집필한 낡은 집에 대한 짧은 일화―을 짚어주면서 그 내용을 좀 더 살찌우라고 했다. 나는 방에 돌아가서 연설문을 고쳐 썼다.

어느새 강연 시간이 되었다. 강연자들은 무대 뒤에 모였다가 안내자를 따라 앞으로 나갔다. 청중 규모를 보니 도로 나가고 싶었다. 무려 1600명이었다. 그동안 다녔던 북투어의 최대 청중은 50명이었고, 그것도 우리 가족과 지인이 LA의 서점으로 총출동한 덕분이었다. 나는 그때도 떨었는데, 이번에는 너무 아찔했다. 두 작가가 나를 잡아 돌려세우며 말했다. "해야 돼요."

놀라운 일이 일어났다. 나는 강연을 했고 그 일은 잘되었다. 막상 입을 여니 별로 떨리지 않았다. 사실 내가 작가가 된 과정을 설명하는 일은 재미있었다. 청중은 내 말을 들으며, 나와 내 책에 열렬한 반응을 보였다. 게다가 내가 작가가 된 과정은 '루저의 성공기'였는데, 사람들은 그런 것에 흥미를 느낀다.

내게 그 뒤로 대중 강연은 이것저것 뒤섞인 복합적인 일이 되었다. 다른 작가들과 함께할 때면 좋은 작가를 만나기도 하고 그러지 못하기도 한다. 사회자가 훌륭할 때도 있고 그렇지 않을 때도 있다. 작가들 간에 경쟁심도 있는데, 나는 그런 분위기를 좋아하지 않고 말주변도 없어서 대체로 그냥 조용히 있다. 그 대신 내가 청중과 가장 잘 소통하는 방법은 최대한 격식을 버리는 것임을 알게 되었다. 나는 그들의 입장이 되어 생각한다. "나라면 과연 강연장에 와서 내가 하는 이야기를 듣고 싶을까?" 최고의 강연자도 때로는 지루한 강연을 한다. 청중의 관심을 끝까지, 심지어 질의응답 시간까지 잘 잡아끌면 변화가 일어난다. 어떤 일이 일어날지 모른다는 느낌이 들고, 그러면 왠지 긴장이 약간 풀린다.

청중은 내가 거리낌 없이 자신들과 솔직하게 대화할 수 있다는 것을 이해하고, 그래서 호의적으로 반응하는 것 같다. 나는 또 그런 거리낌 없는 자세로 시나리오 집필을 떠나 아무것도 모르던 형식을 시도한 일이 기쁘다. 그것이 내가 작가로 성공하는 길을 열어주었다. 모든 것을 완벽히 통제하려고 하지 않으면 좋은 것을 많이 얻을 수 있다. 나는 젊은 여성들에게 자신이 잘 모르는, 혼탁하고 아름다운 분야를 하나 이상 찾아보라고, 그런 뒤 그곳으로 들어가보라고 권한다.

리사 러츠의 조언

✦ 대중 강연을 할 때는, 사람들이 우리가 실패하는 것을 보러 오는 게 아니라는 것을 명심하자. 자신의 자의식보다 주제에 더 신경을 써야 한다.

✦ 사람들은 자기 결점에 솔직한 사람, 실제 이상으로 허세를 부리지 않는 사람에게 편안함을 느낀다. 가면을 쓰는 것보다 모자란 부분을 솔직히 털어놓는 편이 인생을 더 쉽게 살아갈 수 있다.

킴 고든 _예술가

"여자들은 늘 '허겁지겁 따라잡으며' 살아간다. 내가 이런 느낌을 받은 것은 일을 하면서 아이를 키워서이기도 하고, 음악을 하면서도 늘 나 자신을 시각예술가로 생각했기 때문이기도 하다."

킴 고든은 인터뷰를 위해 널찍하고 오래된 자신의 집으로 나를 초대했다. 메사추세츠주 노샘턴의 조용한 동네였다. 내가 뒷문을 통해 집 안에 들어갈 때 그는 현관 데크에서 시끄럽게 짖는 개 두 마리를 말리고 있었다. 우리는 햇빛 밝은 돌출창 앞에 앉아서, 여자들이 느끼는 '다 해내야 한다는 압박'에 대한 이야기로 '실수' 이야기를 시작했다. 고든은 그런 사정을 잘 알았다. 그는 아주 많은 일을 해왔기 때문이다.

킴 고든은 전남편 서스턴 무어와 함께 '소닉 유스'라는 밴드를 하면서 유명해졌다. <뉴욕 타임스>의 한 칼럼은 소닉 유스가 "록을 완전히 해체한다" "세상의 규칙을 다 무시한다"

고 썼다. 고든은 전통적 로큰롤의 틀에서 차츰 벗어난 음악을
하고자 하는 한 세대의 젊은 여성—과 남성—의 롤모델이 되
었다. 그는 20대 후반에야 베이스를 치기 시작했는데 지금은
1990년대 록 뮤직의 여성 아이콘이다. 최근 이혼을 하면서 밴
드는 해체되었지만, 고든은 여전히 음악과 미술 활동을 하고
있다. 2013년에는 빌 네이스와 함께 '보디/헤드'를 결성해서
<커밍 어파트>라는 앨범을 냈다. 회고록도 쓰고 있다.

어린 나이에 확실한 장래 희망을 가졌어도
새로운 기회와 가능성에 문을 열어두는 것이 좋다.
어떤 직업을 갖는다는 것이
평생 한 가지 일만 해야 한다는 뜻은 아니다

많은 고등학생과 대학생이 자신이 무엇을 하고 싶은지
모른다. 나는 일찍부터 알았다. 우리 부모님의 친구는 내가 찰
흙 코끼리를 만들던 다섯 살 때하고 똑같다고 말한다. 나는 꼬
맹이 때부터 예술가가 되고 싶었다. 그 의미를 잘 모를 때도
그랬다.

1980년대 초에 예술을 하러 뉴욕에 갔고, 갤러리에 취직
해 '예술 폭발'이라고 부를 법한 것을 목격했다. 사람들이 갑

자기 특정 젊은 미술가들의 작품을 사들였고, 그들은 연예인 같은 인기를 누렸다. 나는 그 세계에 있기 싫어졌다. 그 세계에서 예술은 부자들에게 팔리는 고급 소비재였다. 그 자체가 문제는 아니지만, 예술을 하는 사람에게는 정이 떨어지는 일이었다.

친구 댄 그레이엄이 나를 음악의 세계로 이끌었다. 댄은 음악 평론가이자 예술가였고, 나는 그를 통해서 '노 웨이브 운동'을 알게 되었다. 그것은 불협화음 가득한 표현주의적 음악으로, 미니멀리즘의 영향을 받았으며 펑크록보다 더 허무주의적이었다. 댄은 나에게 글을 써보라고 했고, 나는 「쓰레기 약물과 남성 유대」라는 짧은 에세이를 써서 〈리얼 라이프〉라는 잡지에 실었다. 그 에세이는 남자 음악가들이 '로커룸'이라는 약—그냥 아밀나이트레이트(혈관확장제)—에 빠지는 현상에 대한 것이었다. 그들은 그 약을 하고서 미니멀리즘적인 방식으로 기타의 세계에 빠져들었는데, 그것은 그들에게 특정한 동료애를 안겨주었다. 보통은 음악을 연주하다 보면 남자도 여성적 면모를 보일 때가 많다. 믹 재거가 격정에 휩싸여 티나 터너처럼 무대를 뛰어다니는 일처럼.

나는 댄과 함께 공연을 보러 다녔는데, 그러다 보니 구경만 하는 대신 참여하고 싶어졌다. 그 세계는 자유로워 보였고, 나도 할 수 있을 것 같았다. 그래서 1981년 무렵 친구들과 함께 음악 활동을 시작했다. 어느 날 댄이 자신이 하는 퍼포먼스 작품에서 공연해달라고 부탁했다. 그것은 무대에 거울을 놓고, 댄이 자신을 보는 관객과 관객을 보는 자신을 설명하는 공연이었다. 그는 당시 여성 밴드들에 대한 평론을 쓰고 있어서 자기 공연에 여성 밴드를 참여시키고 싶어했고, 나에게 다른 여자들과 함께 그 일을 할 수 있느냐고 물었다. 나는 좋다고 했다. 그는 나에게 크리스틴 한과 스탠튼 미랜다를 소개해주었고, 우리는 보스턴 현대미술관에서 그의 공연에 참여한 뒤에도 계속 함께 음악 활동을 했다. 미랜다는 나에게 서스턴 무어를 소개해주었고, 우리는 곧 소닉 유스를 결성했다.

처음에 나는 1970년대 후반에 펑크와 노 웨이브 음악을 한 모든 여성에게서 영감을 받았다. 1980년대 음악계에는 여자가 많지 않았지만, 나는 선머슴 스타일이고 남자들과 잘 지냈기에 그 일을 대수롭게 생각하지 않았다. 영국 투어 중에 소닉 유스 유일의 여성 멤버인 것이 어떠냐는 질문을 받았을 때는 이렇게 생각했다. '내가 땀에 젖은 운동선수나 철없는 대학생들이랑 밴드를 하는 것도 아니잖아.'

내가 소닉 유스에서 맡은 역할은 독특했다. 나에게 다른 펑크 뮤지션들과는 다른 면모가 있었기 때문이다. 특히 영국에서 펑크 밴드들은 각자 한 가지 스타일로 자신의 페르소나를 표현하고, 그 캐릭터에 맞는 옷을 입었다. 수지 수는 '마녀'

콘셉트였다. 패티 스미스의 영적 스타일도 약간 이런 맥락이었다. 그들은 훌륭했지만, 나는 중간계급 출신이었고, 내가 소닉 유스를 하는 것은 오직 무대에 서서 음악을 하기 위해서였다. 나는 연주자나 가수가 되기 위해 기인이 될 필요는 없다고 생각했다. 평범한 여자로 충분했다. 나의 '페르소나'는 그냥 나였고, 연주자와 청중의 관계에 흥미가 있기는 했지만, 그것을 이용하지 않으려고 의식적으로 노력했다. 나는 사건의 한복판에 있는 것, 몰아치는 전기를 느끼는 것으로 충분했다.

돌아보면 내가 음악계에 들어간 이유 하나는 미술계를 떠나기 위해서, '성공한 미술가'에 대한 그곳의 통념에 빠지기 싫어서였던 것 같다. 음악, 특히 내가 참여한 음악은 실제로 미술보다 표현 방식이 자유로운 것 같았다. 실제로 나는 음악에 대해 아무 지식이 없었다. 이전에 들었던 음악들에서 무언가를 내면화했겠지만, 음악에 대한 내 이해는 '공부한' 것이 아니었기에 미술가로 일할 때보다 관념과 자의식에 덜 빠질 수 있었다.

나는 그사이에도 얼마간 미술 활동을 했고, 소닉 유스가 해체된 뒤에는 미술에 더욱 전념하고 있다. 많은 화가가 자기만의 특징적 방식을 만들어서 변화, 발전시킨다. 나는 그런 것에는 관심이 없다. 비슷한 시리즈를 만드는 일을 이해할 수는 있지만, 나를 한 가지 '특징'에 가두고 싶지는 않다. 내가 관심 있는 것은 실수처럼 보이는 미술, 허술해 보이는 그림, 미술 작품 같지 않은 작품이다. 오늘날 중요한 것은 '미술 작품 제작'보다 과정이며 작품의 의미이기 때문이다. 제작은 나에게는 거의 공예 활동처럼 보인다. 새로운 시야를 열고 신선한 에너지를 담은 그림—시각적 보기 좋음과 구별되는 개념 활동을 담은 그림—을 창작하기는 정말로 힘들다. 소닉 유스는 얼마간 문화적 의미가 있었는데, 그와 비슷한 의미를 갖는 미술을 하기가 쉽지 않다. 하지만 아마도 그런 작품을 만드는 것이 내 목표다!

그래도 사람들이 나의 이 활동을 별개로 여기고 나를 진지한 미술가로 받아들이게 하는 일, 내 미술이 소닉 유스 활동의 액세서리로 여겨지지 않게 하는 일은 쉽지 않다. 사람들은 나를 항상 미술하는 음악가 카테고리에 묶어 전시한다—왜? 나는 또 내가 정말로 좋아하지 않으면 축제에서 다른 밴드와 합동 공연하는 것조차 싫다. 그래서 지금도 이 편견을 헤쳐나갈 방법, 이것을 주제로 사용할 방법을 찾고 있다. 나는 인습적인 사람이 아니고, 인습적인 미술 작업을 하고 싶지 않다. 내게는 큰 갤러리에 작품이 걸리는 것이 중요하지 않다. 나에게 맞는 갤러리인지, 그리고 나에게 맞는 콘텍스트인지가 중요하다. 나는 예전에 음악 활동을 해온 것처럼 지금 나의 미술 활동을 하고 싶다.

시각예술과 음악 두 가지 작업을 해나가는 일, 동시에 아이를 키우는 일은 항상 무언가 비현실적인 느낌을 주었다. 모든 것을 할 수 있거나 해야 한다고 느낄 때, 우리는 아무것도 제대로 하지 못한다는 느낌을 받는다. 지난 세월 나를 지탱한 것은 그 일은 완벽하지 않을 것이고 그럴 필요도 없다는 깊은 이해였다.

킴 고든의 조언

✦ 인생의 목표를 일찌감치 알았다 해도 그 길을 똑바로 가는 사람은 거의 없다는 것을 염두에 두라.

✦ '일과 삶의 균형'이라는 개념이 늘 유용한 것은 아니다. 일에 몰두하면서 자녀를 키우는 일은 좋은 것을 많이 안겨주지만, 그것이 언제나 균형 잡혀 있을 수는 없다.

✦ "나는 이런 일을 하고, 늘 이 일을 할 거야" 하고 생각할 필요 없다. 직업 활동이란 길고, 시간이 흐르면서 변화하고 발전한다. 그것은 사실 좋은 것이다.

레시마 소자니 _인권 운동가

"큰 실패를 겪은 뒤에는 회복하는 시기가 있다. 내가 하원의원 경선에 떨어진 다음날 일어나서 '좋아, 다시 시작하자' 하고 다짐하는 비현실적인 일은 없었다. 실패는 고통스럽고, 우리는 정신과 육체를 하나씩 단계적으로 회복해야 한다. 우리—여자와 남자 모두—에게 중요한 한 가지는 자신을, 그리고 자신의 열정을 이해하는 것이다. 나는 공공서비스가 내 소명이라 생각했지만 첫 선거에서 떨어졌다. 나에게는 어떤 일도 쉽지 않았던 것 같다. 그럴 때가 있어야 우리는 승리에 더 깊이 감사하게 된다."

레시마 소자니에게 사회운동은 인생 초기부터 중요한 주제였다. 그는 어린 시절 우간다에 살았는데, 어느 날 이디 아민 대통령이 라디오 방송에 나와서 모든 인도인은 90일 안에 떠나라고 했다. 미국은 그들 가족을 난민으로 받아준 유일한 나라였고, 그들은 빈손으로 새 고향에 왔다.

그와 가족은 중서부에 자리 잡았고, 은근한 인종차별이 만연한 도시에서 소수의 인도인으로 살았다. 열세 살 때 반편견 활동을 시작했고, 대학 시절과 예일대학교 로스쿨 시절에도 꾸준히 관련 활동을 했다(대학 시절에는 아시아계 미국인 문화 연구 지지 활동을 했다). 로스쿨 졸업 후 1996년에는 빌 클린턴의 선거 캠프에서 일했다.

소자니는 2002년 뉴욕으로 이주해서 변호사로 일하는 한편 남아시아인 유권자 등록 운동에도 참여했다. 그러다 공직에 들어가기로 결심했고, 두 번이나 도전—처음에는 하원의원, 다음에는 뉴욕시 공익옹호관—에 실패했지만, 진정한 사회 변화의 토대를 놓는 일을 했다. '코딩하는 소녀'라는 비영리재단을 창립한 것이다. 뉴욕시에 점점 더 많은 과학기술 회사가 모이고 그에 따라 많은 일자리가 생겨난 시기였고, 저소득층 소녀들이 그 기회를 잡을 수 있게 해주고 싶었기 때문이다. 소자니는 이 소녀들에게 모험의 가치를 자주 말해준다.

자신에 대해 하고 싶은 이야기가 무엇인지 확실히 이해한다

나는 2009년에 하원의원 선거에 출마했고, 캠프에 많은 젊은이를 모으는 행운을 누렸다. 선거 날 밤, 나는 그들과 함께 호텔 방에 있었다. 그중에는 선거운동 개시 때부터 이동 유세 관리자로 일한 20대 초반의 리베카도 있었다. 텔레비전 개표 방송을 지켜볼 때 처음에는 낙관적이었다. 사실 나는 자신 있는 나머지 승복 연설도 써두지 않았다. 밤이 지나면서 희망은 꺼졌다. 출구 조사 숫자에서부터 상황이 순탄치 않았고 누군가 말했다. "승복 연설을 써야 해요." 나는 그에게 아직 모른다고 말했지만 속으로는 울고 싶었다. 내가 울음을 참을 수 있던 것은 리베카를 보면서 그가 이 순간을 평생 기억할 거라고 생각했기 때문이다. 나는 정신력과 회복력의 모델이 되고 싶어서, 그에게 종이와 펜을 가져다달라고 하고 연설문을 썼다. 그리고 침착하게 승복 연설을 했다. 나는 19퍼센트의 지지밖에 받지 못했지만 그들의 지지가 자랑스럽고 포기하지 않겠다고 했다. "우리는 기득권에 도전했고, 아무도 기대하지 않은 일들을 했습니다. 결과와 무관하게 우리 모두 승리자입니다"라고.

하지만 집에 돌아오자 바로 허물어졌다. 그동안 모은 돈을 선거에 다 털어넣어서 재정도 파산 지경이었다. 유권자들에게 내가 공동체에서 할 일을 공약했는데, 그들을 실망시킨 것 같았다. 그것은 만인 앞의 실패였고, 나에게는 플랜 B가 없었다. 그래서 나는 나에게 2주간의 시간을 주고, 그 시간 동안 좌절감을 씹고, 스스로에게 이유를 묻고, 내가 아는 모든 사람에게 이 일의 분석을 부탁했다. 집착에 시한을 설정한 것, 스스로에게 얼마간 나약함을 허락하고 그런 뒤 다시 일어나기로 한 일은 도움이 되었다.

선거 후 6주 정도 지났을 때부터 나는 대중 강연에 나가 내 실패에 대해 이야기했다. 나는 우리가 이런 정신적 위기를 젊은 사람들에게 교육적 사례로 충분히 제시하지 못하고 있다고 생각한다. 사람들에게 우리가 다시 일어나서 움직이는 모습을 보여주는 것은 중요하다. 많은 사람, 특히 여자들은 한번 실패한 일에 재도전을 포기하지만, 나는 그러지 않기로 했다. 나는 다시 차근차근 감정을 수습한 뒤 재도전에 나서기로 했다.

무엇이 잘못되었나 되짚어 보니, 선거전에서 나의 내러티브와 '내가 누구인지'가 실종되어 있었음을 알 수 있었다. 나는 금융회사 변호사로 일한 경력 때문에 '월 스트리트 후보'로 알려졌다. 하지만 실제로 나는 빈손으로 미국에 온 정치적 난민의 딸이고, 학자금 융자로 20만 달러의 빚을 진 채 로스쿨을 졸업했다. 내가 예전부터 공직에 대한 꿈을 꾸기는 했지만, 월 스트리트 생활 덕분에 그 빚과 우리 부모님의 주택 담보대출을 갚을 수 있었다. 이런 이야기는 많은 사람이 공감할 수 있는 이야기지만, 대중에게 전달되지 않았다. 그것은 사회적, 정치적 분위기 때문이기도 했다. 금융 위기가 있었고, 월 스트리트에서 일했던 내가 후보로 나왔으니, 당연히 그 경력이 주목받을 수밖에 없었다. 그 선거를 다시 치른다면, 내 출신 배경이 오해받을 수 있다는 것을 알고 시작할 것이다.

내 현실적 내러티브가 실종된 또 한 가지 이유는 첫 인터뷰를 하는 데 급급해서 사람들에게 나를 어떤 사람으로 알릴

지 숙고하지 못했다는 것이다. 그렇게 했다면 나는 나의 이야기를 더 잘 이해시켰을 것이다. 내가 금융회사에서 일한 것은 은행에서 출세하고 싶어서가 아니라 공직에 들어가고 싶었지만 경제적 여유가 없어서 일반적인 정치 입문 경로를 선택할 수 없었기 때문이라는 걸 알리지 못했다. 정치인의 신입 보좌관 봉급으로는 학자금 융자금을 갚을 수 없었을 것이다. 그런 길을 가려면 경제적 여유가 필요하다. 나는 내게 그런 여유가 없다는 걸 밝히는 일이 불편했고, 그것이 첫 번째 실수였다.

지금은 내가 그런 이야기를 하면, 젊은 사람들이 내게 자신들도 똑같다고 말한다. 그들도 사회운동이나 공적 활동을 하고 싶지만, 돈이 없거나 빚이 많고, 가족이 경제적 안정을 얻도록 도와야 한다고 말한다. 그리고 잠시 사기업에 몸담는 것이 나중에 정말로 원하는 일을 하는 데 방해가 될지 묻는다. 그러면 나는 그들에게 그런 변칙 코스를 선택한 이유를 정확하게 설명하는 것이 중요하다고 말한다.

자기 목표를 실현할 수 있는 길을 찾아라,
그 방법이 애초에 생각한 것과는 다르다고 해도

선거에서 지고 일주일도 지나기 전에 나는 이미 내가 공적 분야에서 계속 활동하고 싶어한다는 것을 알았다. 하지만 그 형태가 어떤 것인지는 몰랐다. 나는 어떤 일을 할 수 있을지 알아보았고, 몇 달 지나지 않아 뉴욕시의 공익옹호관 차관으로 임용되었다. 공익옹호관은 시 정부의 책임성을 높이고, 일반 대중의 요구를 시에 전달하는 일을 한다.

새 직무를 수행하면서 한 가지 문제를 알아차렸다. 뉴욕시 공립학교 어린이들이 과학기술 교육을 제대로 받지 못한다는 것이었다. 특히 여학생의 경우 수치가 아주 암담했다. 그들은 대학 진학 시나 그 후에도 과학기술 교육을 받는 비율이 아주 낮았다. 나는 '코딩하는 소녀'라는 비영리 단체를 만들어서 뉴욕시 다섯 개 구의 여자 청소년에게 컴퓨터 과학을 가르치기로 했다. '코딩하는 소녀'의 목표는 차세대 여성들이 중요한 기술을 익히고 고임금 산업에 진출해서 자신과 가족의 생활을 향상시키는 것이다.

'코딩하는 소녀'를 만들면서 나는 공익옹호관 역할에 매료되었다. 그 자리는 사람들 생활에 큰 변화를 일으킬 힘이 있었다. 나는 하원의원 경선에서 진 지 2년 만에 공익옹호관 선거에 나가기로, 하지만 이번에는 나의 본래 모습을 제대로 보여주기로 했다. 많은 사람들에게 내가 학자금 융자로 큰 빚을 졌고 돌봐야 할 가족이 있다고 말하는 것은 쉬운 일이 아니었지만, 그것이 의미 있는 공감을 이끌어내기를 희망했다. 두 번째 선거에서는 옷차림도 달라졌다. 2010년에는 헐렁한 정장에 머리는 포니테일로 묶었다. 컨설턴트들이 외모로 눈길을 끄는 것은 좋지 않다고 했기 때문이다. 그것은 상당한 제약이었다. 실제로 그때 내가 좀 더 나다운 옷차림으로 인터뷰를 하면, 기자들이 엉뚱한 데 관심을 보이는 것 같았다. 예를 들어 〈뉴욕 타임스〉 기사는 내 구두에 대해 언급했다. 그당시 나는 "내가 규칙을 깼구나. 좀 더 보수적으로 입어야 했어" 하고 생각했지만, 그 일의 진짜 교훈은 나는 처음부터 나 자신이어야 했다는 것이다. 나는 2013년 경선에서는 좀 더 나다운 모습을 보였고, 이번에도 우리는 졌지만 진정성은 중요했다. 득표율이 크게 높아졌고, 다음 단계로 가져갈 새로운 여러 가지 교훈을 얻었다.

큰 좌절을 겪고 나면 아이러니하게도 어떤 일도 다 할 수 있다는 느낌을 받는다. 최악은 이미 일어났고, 더는 두려워할 게 없기 때문이다. 내가 선거에 도전하지 않았다면, 훌륭한 비영리기구 창립자라는 지금 이 자리에 오지 못했을 것이다. 그래서 나는 젊은이들에게 빨리, 제대로, 자주 실패하라고 말한다.

레시마 소자니의 조언

+ 일의 방향을 바꿀 수 있어야 한다. 직업을 유연하게 변화시키는 한 가지 방법은 자신의 내러티브를 잘 이해하는 것이다. 나는 사람들에게 내가 이미 몇 가지 직업을 경험했지만, 내 목표는 항상 똑같았다고 자주 말한다.

+ 공직 선거에서 지거나 어떤 일자리를 얻으려 하다가 실패한다고 해서 우리가 그 일을 할 수 없다는 뜻도 아니고, 더 이상 노력할 필요가 없다는 뜻도 아니다. 그것은 창업을 해서 투자를 받을 때와 똑같다. 첫 번째 사업이 잘 되지 않으면 더 이상 사업을 하거나 성공하는 것이 불가능하다는 뜻인가? 그렇지 않다!

셰릴 스트레이드 _작가

"작가의 삶은 매일 실패하는 삶이다. 잘못된 길을 가면서 옳은 길을 찾는 것이다. 내가 출판될 가망 없는 글을 얼마나 많이 썼는지 아는지?"

2012년 3월, 나는 <뉴욕 타임스>에서 작가 셰릴 스트레이드의 신작 논픽션 에세이 『와일드』의 서평을 읽었다. 서평자 드와이트 가너는 카페에서 책을 읽다가 울었지만 책이 감상적인 건 아니라고 했다. "이 책은 루신다 윌리엄스의 초기 노래만큼 느슨하고 섹시하고 어둡다. 펑크 정신이 있고, 투박하고 미국적인 느낌을 전달한다." 나는 당장 나가서 그 책을 샀고 단숨에 읽었다. 다른 사람들도 그랬던 것 같다. 『와일드』는 2012년 3월에 출간되면서 바로 주간 전국 베스트셀러 7위에 올랐고, 6월에 <오프라 쇼>에 소개되자 1위가 되었다.

『와일드』는 셰릴 스트레이드가 '서부 종단 트레일'[워싱턴주에서 캘리포니아주까지 이어지는 4270킬로미터의 등산로—옮긴이]을 혼자 종주한 이야기로 저자의 두 번째 책이다. 첫 번째 책은 역시 좋은 반응을 얻은 소설 『횃불』이다. 스트레이드는 <럼퍼스>에서 인기를 끈 조언 칼럼 '디어 슈가'를 모아 『안녕, 누구나의 인생』을 내기도 했다.

많은 작가가 꿈꾸는 큰 성공을 거두었는데도, 스트레이드는 놀라울 만큼 너그럽고 허식이 없다. 그녀의 페이스북은 다른 동료 작가의 신작이나 낭독회를 지원하는 내용으로 가득하다. 나는 그녀의 책이 너무 좋아서 '물어보는 데는 돈 안 들어' 하는 생각으로 용기를 내서 이 책을 위한 인터뷰를 요청했다. 그는 바로 좋다는 답장을 보내주었다.

내면의 소리를 들어라

내가 가졌던 전통적 직업—그러니까 돈을 받고 일한 경험들—중 가장 좋았던 것은 중학생 위기 소녀를 위한 청소년 옹호관이었다. 그전에는 여러 해 동안 생계를 위해 웨이트리스로 일하며 글을 썼는데, 내가 작가가 되고 싶어하면서 사람들에게 음식을 서빙하고 있다는 사실에 어느 순간 화가 났다. 나는 보람 있는 일을 하고 싶었고, 여학생들을 돕는 일은 바로 그런 일이었다. 그 일은 즐거웠을 뿐 아니라 실제로 사람들의 삶을 변화시키기도 했다. 변화가 눈에 보였다. 나는 그 여학생들이 잘못된 길을 가지 않도록 도와주면서 사회 전체에 공헌하고 있었다. 그들을 돕는 것은 아주 중요한 일이라고 생각했다. 하지만 그러면서도 나의 내면은 괴로웠다. "이 일은 훌륭한 일이지만, 나는 글을 써야 해. 내가 세상에 내놓을 가장 가치 있는 것은 내 글이야" 하는 생각 때문이었다. 여학생들을 돕는 일이 직업 만족도의 면에서 바랄 나위 없이 좋은 일이었는데도 그 일이 딱 맞지는 않는다는 느낌은 나에게 확신을 안겨주었다.

그 일을 하면서 마침내 이렇게 말할 수 있었다. "어떻게 해서라도 전업 작가가 되겠어." 나는 문예창작 석사 과정에 지원한 뒤 직장을 그만두고 뉴욕주로 이주했다. 글을 쓰며 시러큐스대학교에 다니기 위해서였다. 나의 첫 책 『햇불』은 대학원에 다니면서 쓴 것이다. 출판 계약을 맺은 뒤에도 돈을 벌기 위해 여러 가지 일을 해야 했다. 하지만 그 시절의 일은 가르치는 일과 잡지 기고 등 글쓰기와 관련된 일이었다. 나에게 가장 중요한 일이 무엇인지 깨닫자 나는 올바른 길을 선택할 수 있었다.

공감할 수 없는 일은
하는 것 자체가 불가능할 수 있다

내가 작가로서 거듭 깨닫는 교훈은 진정성이 없는 일은 할 수 없다는 것이다. 나는 글로 사람들을 속이는 일이 불가능하다. 이것은 내가 어려운 내용을 쓰기 위해 나 자신을 밀어붙인 적이 없다는 뜻이 아니다. 그런 일은 작가의 삶의 일부다. 하지만 할 말이 없는데 있는 척할 수는 없다. 그걸 확실히 깨달은 계기는 몇 해 전 〈얼루어〉에서 '내 시그니처 향'에 대해 원고 청탁을 받았을 때다. 시그니처 향? 무슨 뜻인지도 몰랐고, 당연히 그런 게 있을 리 없었다. 나는 향수 냄새를 맡으면 속이 울렁거린다. 하지만 돈이 없었고 원고료가 두둑했기에 쓰겠다고 했다.

나는 내 시그니처 향을 찾으러 나갔다. 그리고 바로 이런 일에 특화된, 그러니까 자신에게 맞는 향수를 찾아주는 가게로 갔다. 나는 카운터 직원에게 마음에 드는 향수를 찾고 싶다고 말했다. 그리고 넘어올 것 같은 느낌을 참으며 이 향수 저 향수를 시향했다. 30분 후에 나는 향수 하나를 골라서, 거의 한도에 다다른 신용카드로 구입한 뒤 남편과 갓 태어난 아이가 있는 집으로 돌아왔다. 집 안에 들어가자 남편이 인상을 쓰면서 무슨 냄새냐고 물었다. "내 시그니처 향." 나는 웃으며 대답했다.

그 후 며칠 동안 그 향수를 뿌리고 지내면서 그 향을 사랑하려고 노력했다. 그래야 그것이 나에게 갖는 의미를 정직하게 쓸 수 있었기 때문이다. 하지만 그것은 거짓이었다. 내시그니처 향이란 건 없었고, 앞으로도 없을 것이다. 아무리 원고료가 높아도 도저히 거짓을 쓸 수는 없었다. 나는 악전고투하다가 결국 내가 할 수 있는 최선의 일을 하기로 했다. 그러니까 진실을 말하는 것이다. 나는 먼저 내 인생과 향수의 관계에 대해서 썼다. 어린 시절에는 향수를 동경했지만 어른이 되자 싫어하게 되었다는 이야기였다. 그리고 나에게 시그니처 향은 없지만, 평범한 일상의 냄새—아이들 머리 냄새, 내가 쓰는 비누 냄새, 우리 집 마당의 라벤더 냄새—를 즐거이 풍기고 다닌다는 내용으로 마무리했다.

나는 정직성을 포기하지 않고도 글을 쓸 수 있었다. 그일은 내게 큰 교훈이 되었다. 돈이 필요해서 어떤 일을 할 때, 적어도 글을 쓰는 일에서는 정직성을 지킬 방법을 찾아야 한다. 우리는 모두 먹고살 돈이 필요하다. 그것은 인생의 일부다. 하지만 어떤 일이 자신과 너무 맞지 않아서 숨이 막힐 지경일 때 그 느낌은 중요한 정보가 된다. 그것은 때로는 내게 없는 시그니처 향에 대한 글을 쓸 때처럼 과제의 한계 안에서 창의력을 발휘해야 한다는 뜻일 수도 있지만, 때로는 다른 일을 찾아야 한다는 뜻일 수도 있다.

피드백은 두렵지만 우리를 발전시킨다

나에게 가장 큰 수익을 안겨준 글, 모든 면에서 가장 성공적이었던 글은 누가 책으로 내준다고 하지 않아도 썼을 글이다. 내가 쓴 '디어 슈가' 칼럼은 무보수였지만—그 글들은 『안녕, 누구나의 인생』이라는 책으로 엮였다—나는 그 글을 쓰는 것이 즐거웠다. 소설 『횃불』과 여행기 『와일드』도 재정적 기약 없이 쓴 책들이다. 그런데 그 책들은 내가 상상도 하지 못한 성공을 가져다주었다. 나는 최근에 집을 샀는데, 그 돈은 모두 『와일드』로 번 것이다. 남편과 나는 계속 "어떻게 이런 일이 일어났지?" 하고 말했다. 예술 세계에서는 성공이 돈과 일치하지 않는다는 걸 알아야 한다. 내가 그 책들을 쓰던 시절, 우리 부부는 신청은 안 했지만 기초생계지원 수급 자격도 있었다. 우리는 늘 쪼들렸다. 남편도 영화 일을 하는 예술가다. 생계를 도와주는 사람이 없다면 돈 문제 등에서 위험을 감수할 각오가 되어 있어야 한다.

글쓰기나 예술에 전념하려면 멀리 보는 눈이 필요하다. "이번 주, 이번 달, 심지어 올해 안에는 돈을 못 벌겠지만 계

속 버티면 언젠가는 돈을 벌 수 있을지 몰라" 하고 말해야 한
다. 자신의 예술 활동이 10년, 20년에 걸쳐 어떻게 펼쳐질지
물어야 한다. 그렇게 해도 알 수 없다. 성공으로 가는 유일한
길은 믿음을 지키는 것이다.

믿음을 지키는 데 중요한 한 가지는 거절을 받아들이는
태도다. 거절은 그 어떤 예술 분야의 직업에도 따라온다. 초반
에는 거절당하다가 나중에는 칭찬만 받는 일이란 없다. 어떤
인정이나 상 등 원하는 것을 얻지 못하는 일은 항상 있다. 또
거절당하지 않았을 때도 모든 게 실패했을지 모른다는 느낌을
견뎌야 한다. 늘 새 책, 새 글을 가지고 새로 시작해야 한다.
의심은 작가의 인생에 필수 요소다. 디어 슈가 칼럼이 웹에 올
라갈 때마다 나는 "사람들이 이걸 보고 모두 '한심해. 형편없
어' 하는 건 아닐까?" 걱정했다. 『횃불』과 『와일드』를 편집자
에게 보낼 때도 공포와 불안에 시달렸다. 그리고 두 경우 모두
편집자는 이렇게 말했다. "전체적으로는 훌륭하지만 그렇지
않은 부분도 있어요. 그런 부분은 다시 써주시거나 빼주셔야
해요." 편집자는 원래 그런 일을 해야 한다. 우리가 더 잘하도
록 도와주는 일을.

퇴고를 하다 보면 겸손해진다. 자신이 심장을 쏟아붓거
나 수년간 몰두한 작품에 대해 사람들의 솔직한 생각을 들어
야 하기 때문이다. 스트레스와 상처가 불가피하지만, 비판받

는 것은 작가의 숙명이다. 편집자에게서 문제를 지적하는—
"이 장면은 효과가 없을 것 같아요" 또는 "이 부분은 좀 지나
쳐요" 같은—장문의 편지를 받고도 기죽지 않을 수 있어야
한다. 책이 자전적 내용일 때는 이런 어려움이 더 커진다. 내
용 자체가 자신의 이야기라서 숨을 곳이 없기 때문이다. 『와
일드』에 나오는 셰릴 스트레이드는 물론 문학적으로 구성한
인물이지만, 그래도 여전히 나다. 나는 작품에 대한 비판을
나 개인에 대한 비판으로 받아들이지 않도록 해야 했다. 그리
고 그게 사실이다. 나는 내 편에 있는 사람들은 내 편에 있다
는 바로 그 이유로 정직하다고 믿어야 했다. 편집자의 피드백
이 『와일드』를 더 좋은 책으로 만들었다는 데는 의문의 여지
가 없다.

　　퇴고 과정은 인생과 사랑과 일에 대한 비유도 된다. 우리
는 모두 거친 초고다. 제대로 된 삶은 다음번 버전의 자신을
더 좋은 사람으로 만들기 위해 끊임없이 노력하는 삶이다. 진
정한 성공은 실수를 성공으로, 손실을 이득으로, 실패를 도약
의 엔진으로 변화시키는 데 달려 있다. 내가 전하고 싶은 조
언은 겸손한 태도를 갖고, 경험자의 말을 듣고, 열심히—정
말로 열심히—노력하고, 자신을 믿으라는 것이다. 아무도 나
대신 내 인생을 만들어주지 않는다. 그것은 오직 내가 만드는
것이다.

셰릴 스트레이드의 조언

✚ 예술가라면 언제나 거절을 경험하게 마련이다. 하지만 자기 작업을 일부라도 믿을 수 있다면 회복해서 버텨나가는 데 도움이 된다.

✚ 때로 우리는 먹고살 돈을 벌어야 한다. 나도 여러 해 동안 그 랬다. 나는 웨이트리스 일이 내 '소명'이라고 느끼지는 않았지만, 그런 일들을 통해 글쓰기에 전념할 환경을 만들지 않았다면, 나는 작가가 되지 못했을 것이다.

✚ 어떤 사람은 멋있어 보여서 작가가 되고 싶어하고, 어떤 사람은 친구가 작가라서 작가가 되고 싶어한다. 나는 그런 학생을 여럿 만났다. 그들에게 이렇게 말하고 싶다. "당신은 정말로 작가가 되고 싶은 게 아니니까 다른 일을 해도 좋아요." 다른 사람들이 기대하는 것 말고 내가 가장 원하는 것이 무엇인지 시간을 가지고 찾아보라. 그리고 그런 것을 찾았다면 그것이 무엇이건 열정적으로 추구하라.

2부

물어보기 / 요구하기

이 책을 만들 때, 이 작업의 암호는 '훗스파 프로젝트'였다. '훗스파chutzpah'는 이디시어〔중부유럽의 유대인 언어—옮긴이〕로 '용기'라는 뜻이다. 나는 이 책에 실린 사람들에게 이메일을 보내 자신이 했던 가장 큰 실수를 이야기해줄 수 있는지 물을 때도 그 말을 생각했고, 그들에게 개인적 경험이나 어려운 상황 또는 감정을 말해달라고 요청할 때도 그 말을 생각했다. 내가 너무 많은 걸 물어보나? 한 사람은 이야기를 하다 보니 취약해진 느낌이 든다고, 자기 이야기를 책에 싣는 게 좋은 건지 모르겠다고 했다. 하지만 나는 그 이야기가 좋았고, 독자들에게도 도움이 될 것 같아 수록을 허락해달라고 부탁했고, 그

는 결국 동의했다. 그는 용감했다. 나는 "당신에게는 훗스파
가 있어요" 하고 속으로 말했다.

*

여자들에게는 '물어보기/요구하기'가 어려워 보인다. 이
이야기를 가장 많이 듣는 곳은 임금 관련 분야다. 저널리스트
겸 라디오 진행자 파라이 치데이야는 스미스대학교 강연에서
임금 협상가로 일하는 친구 이야기를 했다. "백인 남자를 승
진시키면 그들은 모두 봉급 인상을 요구했지만, 여자나 유색
인을 승진시키면 아무도 그러지 않았다." 이런 현상은 연구에
서도 나타난다. 린다 뱁콕과 세라 라셰버의 베스트셀러『여자
는 어떻게 원하는 것을 얻는가』는 여자들이 다른 사람을 위해
서는 협상을 잘하지만 '자신을 위해서는' 남자들만큼 요구하
지 않는다는 것을 보여주었다. 그 뒤 뱁콕과 해나 라일리 볼스
가 함께한 연구는 여자가 (남녀) 관리자들에게 무언가를 요구
할 때 '공격적'이라는 인상을 주면 평판에 불이익을 얻는다는
것을 보여주었다. 뱁콕은 2011년에 NPR 라디오 인터뷰에서
이런 현실은 "우울하다"고 말했지만, 그러면서도 여자들이 자
기 연구를 활용하고 싶다면 협상할 때 "다정하고 따뜻하고 자
신보다 다른 사람을 걱정하는" 태도를 보이라고 권했다.

이런 이야기를 듣고 협상 자체가 하기 싫어진다면 (아니면 토하고 싶어진다면) 이것을 생각해보라. 미국대학여성협회가 남성 대졸자와 여성 대졸자의 평균 초임을 비교해보니, 여성의 초임이 남성보다 2800달러가량 적었다. 이것은 "거의 1년간의 식품 구입비, 휘발유 2800리터, 스타벅스 커피 톨 사이즈 1400잔의 값"과 같다. 학자금 융자 상환 12개월어치에도 해당한다. 그러므로 요구하는 일이 힘들게 느껴져도, 또 여자들이 협상하려면 미소를 지어야 한다는 사실이 불쾌해도, 초임을 협상하는 일은 충분한 가치가 있다.

협상하는 일이 금전 사정에만 도움을 주는 것은 아니다. 그것은 이 책에서 설리나 레즈바니가 말하듯이 우리의 교육적, 직업적 야심에도 도움이 되고 친구, 룸메이트, 애인과의 관계에도 도움이 된다. 아이가 생기면 나만의 요구—일하고 운동하고 명상하고 친구를 만나고 혼자 있고 잠자는 시간—를 파악할 수 있어야 한다. 자신에게 필요한 것을 요구하는 일, 그리고 그것을 얻는 일은 가족 전체도 건강하게 한다.

사회생활 초기에는 무언가 묻거나 요구하는 일을 상상하기가 어렵다. 내가 아는 교수 한 명은 어느 날 연구실 밖에 나와 보니 학생 한 명이 서 있었다고 한다. 학생은 꽤 오래 기다린 기색으로 "선생님이 안에 계신지 잘 몰라서요" 하고 말했다고 한다. 하지만 설령 그런 상황에 있다 해도, 문을 분명히 노크하는 법과 직업 활동 중 자신을 옹호하는 법을 배워나갈 수 있을 것이다. 다음에 실린 글들은 기회, 조언, 정보를 요구하는 법, 그리고 모르는 것을 감추지 않는 법에 대해 말한다. 그들은 우리 모두에게 훌륭한 모범이고, 그들의 메시지는 강하다. 약간의 홋스파는 나쁘지 않다.

대니엘 오프리_의사

"우리는 자신이 좋은 의사 아니면 나쁜 의사라고 느끼고, 또 세상의 의사는 두 종류뿐이라고 생각하기 쉽다. 나는 학생들을 만나면 내가 저지른 실수들을 말해서 그것이 인생의 일부라는 걸 알려준다. 나중에 그들이 실수를 해도 '선배 의사가 이런 일을 말했지. 이것은 의사가 되는 자연스러운 과정이고 감출 필요 없어' 하고 생각하기를 바란다."

내가 대니엘 오프리를 만났을 때 그는 자녀의 학교 행사에서 오는 길이었다. 오전이었고, 그는 뉴욕시에서 가장 붐비고 다양한 인종과 가난한 환자가 많은 벨뷰 병원으로 출근하러 가야 했다. 병원에 없을 때는 뉴욕 의과대학 부교수로 일한다. 두말할 필요 없이 그는 매우 바쁜 여성이다. 하지만 그렇게 바쁜 가운데도 환자 및 학생들과 나눈 교류를 이야기의 샘으로 삼아 의사의 삶을 다룬 책도 몇 권 썼다. 최신작은 『의사의 감정』이다. 그 밖에도 『의학의 번역』『우연한 발견』『특이한 애정』 등이 있다.

오프리는 의사이자 의학박사로, <뉴욕 타임스>에 의사

생활이며 의사와 환자 관계에 대한 글을 꾸준히 쓴다. 그의 에세이는 『최고의 미국 에세이』에 두 차례 수록되었고, 『최고의 미국 과학 에세이』에도 실렸다. 그는 "의학 저술에 대한 공로"를 인정받아 미국의학저술가협회에서 주는 존 P. 맥가번 상을 수상하기도 했다.

내 실수와 나는 별개의 존재다

미국 병원의 인턴과 레지던트 생활은 3년이다. 인턴 시절은 힘들지만, 지시만 수행할 뿐 엄밀하게 말하면 어떤 일에도 책임이 없다. 하지만 레지던트 1년 차가 되면 훨씬 많은 책임을 지고 인턴과 의대생의 팀을 이끈다. 이 이야기는 내가 처음으로 팀을 이끌 때, 처음으로 환자의 상태에 영향을 미치는 의학적 결정을 내리게 됐을 때의 이야기다.

레지던트 1년 차 때, 한 환자가 당뇨병 케토산증으로 실려왔다. 그 환자는 1형 당뇨병이었는데 경찰에 체포되어 구금되는 바람에 인슐린을 투여하지 못했고, 당 수치가 치솟아서 의식을 잃었다. 케토산증 환자 치료는 흥미롭고도 만족감 높은 일이다. 환자는 혼수상태나 그 직전의 상태로 들어온다. 의사는 인슐린 점적 정맥주사를 놓아서 당 수치를 낮추고, 전해질과 산성도 및 칼륨 수치를 살핀다. 제대로 하면 환자는 스물네 시간 안에 기적처럼 회복한다.

환자의 의식이 돌아오자 우리는 정맥주사를 중단하려고 했다. 내가 간호사에게 '인슐린 점적 주사 중단' 명령을 내리자 간호사가 물었다. "점적 주사 중단 전에 지속형 인슐린을 주사하실 건가요?"

나는 고민을 했다.

그리고 옆에 서 있는 인턴을 보고 말했다. "우리는 만 하루 동안 환자의 당 수치를 면밀히 관찰했어. 지속형 인슐린을 다량으로 처방할 이유가 없지 않을까? 그건 환자의 몸에 계속 남아서 혈당을 박살낼 거야. 점적 주사를 중단하고 당 수치를 계속 관찰하면서 필요한 만큼 소량을 계속 주사합시다."

간호사는 눈썹을 치켜세웠지만, 나는 신경 쓰지 않았다. 어쨌든 의사는 나였으니까.

그런데 두 시간도 지나지 않아 환자가 구토감을 호소하며 토하기 시작했다. 칼륨 수치가 떨어지고 산 수치는 올랐다. 큰일이었다. 내가 야간 담당 의국장인 2년 차 레지던트에게 전화를 걸 때는 환자의 말이 어눌해지고 눈빛이 흐려졌다. 의국장이 와서 환자의 수치를 살피고 3초 동안 생각하더니 소리쳤다.

"점적 주사를 중단하기 전에 지속형 인슐린 투여했어?

심정지가 올 수도 있었어. 무슨 생각을 했던 거야?"

나는 자리에 얼어붙었다. 내가 무슨 생각을 했던 걸까? 지속형 인슐린 부분을 잊었나? 그걸 안 배웠나? 옆의 인턴은 한마디도 하지 않았다. 나는 의국장의 무시무시한 눈길을 받으며 뭐라고 설명하려고 했지만, 아무 말도 할 수 없었다. 겨우 한 시간 전에 당당하게 인턴에게 "지속형 인슐린은 이 환자에게 안 좋을 거야" 하고 말했고, 그는 내 말을 충실히 이행했다.

우리 셋은 응급실 외상 섹션에 서 있었다. 주변은 혼란의 도가니였다. 총상 입은 사람들이 실려와서 외과 의사와 간호사들이 이리저리 뛰어다녔다. 의국장 선배가 눈빛으로 나를 붙잡아놓았지만 나는 말을 할 수가 없었다. 공중으로 증발해버리거나 심정지로 쓰러져 죽을 수 있을 것 같았고, 그래도 좋을 것 같았다. 내 평생 가장 굴욕적인 순간이었다. 내 잘못이 너무도 분명했기 때문이다. 점적 주사 중단 전에 해야 하는 일이 바로 지속형 인슐린을 투여해서 환자의 상태를 안정시키는 것이다. 그러지 않으면 환자는 바로 케토산증 상태로 돌아간다. 내 환자가 바로 그랬다.

의국장은 내 손에서 차트를 빼앗아 들고 소리쳤다. "점적 주사를 다시 시작하고, 칼슘과 중탄산나트륨을 투여해서 심정지를 막아." 그리고 환자를 살리기 위해 직접 그 일을 수행했다. 그런 뒤 화를 내며 나갔고, 나는 인턴을 옆에 둔 채 멍하니 서 있었다.

나는 말을 더듬었다. "어… 그러니까… 몇 가지 검사를 합시다." 인턴은 침착하고 사무적으로 피검사 튜브들을 꺼내서 라벨을 붙였다. 돌아보면 그가 아무 일 없는 듯 행동해준 건 너무도 감사한 일이었다. 나는 그에게 고맙다는 말을 하지 못했지만, 그가 그렇게 침착하게 일을 계속했기 때문에 나도 계속 일을 할 수 있었다. 만약 그가 그 일에 대해 말을 꺼내려 했다면, 또는 당황해서 나가버렸다면, 나는 계속 그의 선배 역할을 하지 못했을 것이다. 하지만 그는 내가 굴욕을 겪는 것을 보고도 내게 남은 좁쌀만 한 권위를 존중했다. "아직도 선배를 믿어요" 하고 말하는 듯이.

환자는 중환자실에 하루를 더 머물러야 했지만 다행히 무탈했다. 하지만 나는 그렇지 못했다. 나를 추스르는 데 몇 주가 걸렸고, 누구에게도 그 일을 이야기하지 못했다. 만약 당시 내 담당 의사가 실수란 일어나게 마련이라고, "실수를 저질렀다고 네가 형편없는 사람인 건 아니야. 그냥 너도 사람이라는 뜻이야" 같은 취지의 말을 해주었다면 큰 도움이 되었을 것이다. 하지만 나는 그런 말을 듣지 못했고, 그 사건은 내 머릿속에서 끝없이 재생되었다.

나는 그 후로 죄의식과 수치심의 차이에 대해 많은 생각을 했다. 죄의식은 우리가 저지른 일과 연관되고 그 행동을 고치면 해결할 수 있다. 하지만 수치심은 내면적이다. 자신이 스스로 생각하던 사람이 아니라는 깨달음이다. 죄의식은 무언가 고치고 싶게 만들지만, 수치심은 달아나서 숨고 싶게 만든다. 내가 그때 응급실에 서서 꾸중을 들을 때 느낀 것은 수치심이었다.

경력 있는 의사들은 앞으로 나와서 실수에 대해, 자신들이 어떻게 수치심을 해결했고, 어떻게 자아감을 유지하는지에 대해 말해야 한다. 그들이 환자에게 어떻게 다가갔고, 어떻게 실수를 인정했는지 말해야 한다. 쉬운 일은 아니다. 나도 위의 일화를 최근에야 글로 쓸 수 있었다. 20년 전 일인데 말이다. 나는 그 실수에서 중요한 것 두 가지를 배웠다. 첫 번째는 '지속형 인슐린 투여 전에는 인슐린 점적 주사를 중단하지 말지어다'라는 것이다. 나는 그것을 모든 학생에게 말한다. 그리고 내 환자들 중 인슐린 점적 주사를 맞는 환자가 있다면 늘 엄중하게 감시한다. 두 번째는 실수는 고쳐야 하지만 사람을 모욕하는 것은 아무 소용 없다는 것이다. 물론 가장 중요한 것은 환자의 생명이고, 의사는 환자를 위해 최선을 다해야 하지만, 굴욕을 주는 것은 좋은 교육법이 아니다. 실제로 그것은 부정적 효과만 낳을 수 있다.

나는 동료나 학생의 실수를 지적하고 싶으면, 따로 불러서 조용히 전달한다. 만약 응급 상황이고, 환자를 위해서 여러 사람 앞에서 잘못을 지적해야 한다면 물론 그러겠지만, 그런 뒤 그를 따로 불러서 말한다. "당신은 똑똑하고 성실하고 따뜻한 좋은 의사예요. 하지만 이 대목은 실수였어요." 잘못된 것은 그 사람 자신이 아니라 그가 내린 결정이라는 것을 구별시켜주어야 한다. 우리 직업이 무엇이건 — 의사건 교사건 광고회사 직원이건 — 실수를 했을 때 잘못된 것은 우리 행동이지 우리 자신이 아니다.

책임자 자리에 있어도
동료에게 의견을 물을 수 있다

레지던트 2년 차가 되면 한 달씩 돌아가면서 의국장이 되는데, 이 이야기는 그때 — 내가 의국장 자리에 있을 때 — 일어난 일이다. 의국장이 하는 일 중 하나는 '코드 블루'를 시행하는 것이다. 환자에게 심정지가 일어나면 병원 스피커에서 이런 방송이 나온다. "411 — 기도 확보 팀." 그러면 모두가 달려가서, 환자의 심박동을 재개시키려고 가슴을 두드리고 심장 충격기로 충격을 준다. 내 마음 한구석에서는 내가 맡은 30일 동안 관상동맥 응고나 폐 폐색 같은 일 없이 모두 건강하기를 바랐다. 물론 그런 일은 없다.

내가 처음 심정지 상태의 환자를 겪은 곳은 중환자실이었고, 그곳으로 달려가면서 엄청나게 불안해졌다. 코드 블루 연습은 마네킹으로 한다. 나는 진짜 환자에게는 코드 블루를 실행한 적이 없었다. 나는 환자에게 가서 침대 앞쪽 의국장 자리에 섰다. 그런데 아무것도 생각이 나지 않았다. 머릿속이 하얘졌다. 다른 레지던트가 나에게 환자 상황을 알렸다. 뇌졸중과 신부전으로 입원한 61세 남성이 호흡 정지에 들어갔다고. 그 말을 들을 때 나는 머리가 마비된 듯 어떻게 해야 하는지 하나도 생각이 나지 않았다.

"좋아요, 심장마사지를 하고 산소 공급을 해요." 내가 말했다. 그 두 가지는 기억났다. 하지만 다음이 뭐지? 충격이 먼저인가? 에피네프린 주사인가? 아니면 아드레날린 주사?

누가 내 손에 심전도 그래프를 전달했고, 나는 그 자료에 문제 해결책도 담겨 있기를 바랐지만, 갑자기 심전도 읽는 법도 생각나지 않았다.

심전도에서는 'P파' 'QSR군' 'T파' 세 가지를 보아야 한다. T파가 낙타 혹처럼 둥근 모양이 아니라 뾰족하게 솟은 피크를 이루면, 그것은 생명을 위협하는 고칼륨혈증—혈중 칼륨 수치가 높은 것—의 신호일 수 있다. 그럴 때는 즉시 인슐린, D50, 칼슘을 투여해야 한다.

하지만 나는 판단이 서지 않았다. 이 T파가 정말로 피크를 이룬 것일가? 때로는 가짜 T파도 있다. 그런 경우는 뾰족한 T파 형태여도 고칼륨 상태를 의미하지 않는다. 고칼륨혈증 치료를 했는데 그게 틀렸으면 어떻게 하지? 그러면 다른 심각한 문제가 발생할 수 있었다.

나는 머릿속으로 갈팡질팡하며 꼼짝 못 하고 서 있었다. 아무 말도 나오지 않았다.

그때 누군가가 말했다. "여기 의국장이 누굽니까?" 심장내과 전임의가 들어왔다. 전임의는 레지던트보다 한 단계 윗급이니 내 상관이었다. 나는 "저예요" 하고 말했다. 잠시 어색한 순간이 흘렀다. 우리는 서로를 알아보았고, 그는 당황한 얼굴이었다. 우리는 의대 시절 친구였지만, 내가 박사 학위 공부를 하느라 임상을 떠나 있어서 그가 나보다 앞서 있었다. 만약 우리가 친구가 아니었다면 그가 내 바보 같은 모습에 소리를 질렀을 게 분명했다.

그가 내 옆에 와서 심전도를 보더니 "고칼륨혈증이군" 하고 말하고 우리에게 할 일을 지시했다. 나는 '젠장, 맞았잖아!' 하고 생각했다. 나는 선장 역할을 하지 않고 머뭇거리다가 다른 사람이 와서 그 일을 하게 했다. 처음에 떠오른 생각을 말했다면, 모범적 의국장이 되고 환자의 목숨도 구했겠지만, 나는 틀리는 게 두려워서 망설였다. 그 환자의 문제는 결

국 잘 해결되었다. 고칼륨혈증을 치료해서 맥박과 혈압이 정
상으로 돌아오자 코드 블루가 해제되었다. 하지만 나는 그 흰
가운들의 바다 속으로 그냥 사라지고 싶었다.

　물론 지금은 코드 블루를 여러 번 겪었고, 처음 든 직감
에 확신이 들지 않으면 얼른 다른 사람에게 묻는다. "내 생각
은 이런데 선생님 생각은 어떤가요?" 의국장이건 다른 어떤
책임자건 우리는 "당신 생각은 어떤가요?" 하고 물어서 지원
과 조언을 구할 수 있다. 책임자라고 해도 일을 혼자 해결해야
하는 경우는 거의 없다.

대니엘 오프리의 조언

✦ "나는 처음부터 110퍼센트 옳아야 하고, 어떤 망설임도 보여 서는 안 돼" 하고 스스로에게 부담감을 주지 마라. 기업의 사 장이라고 해도 신뢰하는 동료에게 "어떻게 생각합니까? 내 생각은 이런데 의견을 주십시오" 하고 물을 수 있다.

✦ 자기 일을 잘하는 것은 모든 것에 완벽한 것이 아니다. 나는 모든 의학 지식을 컴퓨터처럼 꿰고 있지는 못한다. 하지만 "이건 모르겠지만 찾아볼게요" 하고 말하면서도 내 능력에 대한 자신감을 유지할 수 있다.

✦ 실수를 하면 행동과 자신을 분리해서 보아야 한다. 그 행동은 실수지만 우리 자신이 실수는 아니다. 실수를 인정하고 더 잘 할 방법을 찾아야 한다. 신뢰하는 사람과 그 일에 대해 이야 기를 나눈다. 그리고 다른 사람이 실수를 하면, 우리가 그런 사람이 되어서 이야기를 들어준다. 그 사람이 수치심에 빠지 지 않으면서 실수를 인정하게 도와주는 것이다.

조애나 바시 _기업인

"열정이 없는 게 문제는 아니다. 나는 인생에서 중요한 것은 열정에 따르는 게 아니라 인생의 여로가 길다는 걸 깨닫는 것이라고 생각한다. 문제 해결, 비즈니스 문서 작성, 프리젠테이션 같은 '하드 스킬'뿐 아니라 주도성 발휘, 대인 관계, 회의 참여 같은 '소프트 스킬'도 키워야 한다. 우리가 즐거워하는 일과 즐거워하지 않는 일을 잘 살펴서, 무엇이 우리에게 에너지를 주는지 알아보자."

조애나 바시 덕분에 나는 책상 위쪽에 걸어둔 카드에 '균형'이라고 적고 쭉쭉 내리그어 지울 수 있었다. 바시는 '일과 삶의 균형'이라는 개념을 '관리된 불균형'(그는 이 말을 구글의 에일린 노턴에게서 들었다)이라는 개념으로 바꾸자고 제안한다. 야심을 품은 여성 중 상황의 '균형'을 느끼는 사람은 아무도 없을 것이기 때문이다. 그 대신 우리는 우리에게 의미 있는 것을 찾고, 우리가 잘할 수 있는 조건을 만들어야 한다.

매킨지의 명예 이사인 조애나 바시는 대단한 지혜와 유머 감각의 소유자이자 방대한 데이터를 활용해 '내공의 리더십' 이론을 발전시킨 사람이다. 그는 165명과 심도 높은 인터뷰를 수행해 직업 생활의 성공에 대한 자료를 모았다. 그런 뒤 리더십 개발에 대한 새로운 (그리고 놀라울 만큼 사려 깊은) 모델을 두 권의 책 『뛰어난 여자는 어떻게 이끄는가』와 『내공의 리더십』에 담았다. 이 책들은 성별을 불문하고 모든 젊은이의 필독서가 되어야 한다.

바시는 매킨지에서도 사회에서도 여성의 강력한 옹호자다. 2002년 마이클 블룸버그 뉴욕 시장은 그를 뉴욕시 여성문제 담당관으로 임명했다. 그는 뉴욕시 경제협력단, 뉴욕시 경제발전협회, 미국 자연사박물관, 맨해튼 극장클럽에도 일원으로 참여했고, 세서미 워크숍—〈세서미 스트리트〉를 만든 교육기구—의 이사로도 18년째 일하고 있다.

바시는 펜실베이니아대학교와 시카고대학교에서 공부했고, 하버드 경영대학원에서 MBA를 받았다.

창의적인 사람이라도
어떤 일은 사실에 천착해야 한다

대학 시절 내 전공은 미술과 문학이었다. 나는 대학 졸업 후 영화계에서 일하려고 했고, 그 후에는 영문학 교수도 될 뻔했지만, 결국은 메이시스 백화점 경영 훈련 프로그램에 들어가게 되었다. 하지만 그 일이 나와 전혀 맞지 않는다고 느끼고 하버드 경영대학원에 지원했다. 대학원에 합격하자 꼭 가야 할 것 같았다. 할인을 하면 무언가 사야 할 것만 같은 느낌과 비슷했다. 하버드에 갔더니 모두 비즈니스 컨설팅 분야에서 일하고 싶어했고, 나는 그 분야를 노릴 수 있을 만큼 성적이 좋았다.

대학원 1학년 말 여름방학 때 어느 유명 컨설팅 회사에서 일했다. 그들은 아마 내가 활달한 젊은이라서 작업에 창의성을 도입하려고 뽑았던 것 같다. 하지만 나는 꼭 사람들을 속이고 거기 들어간 것 같은 느낌이었다. 내게는 다른 동료들 같은 일반적 기업 경력이 없었기 때문이다.

그런 뒤 내가 맡은 일이 무엇인지 알게 되었다. 하루 종일 고객 미디어 회사의 축축하고 어두운 지하 자료실에 (사서만 빼고) 혼자 앉아서 광고 수익 관련 자료를 담은 육중한 책들을 살펴보는 일이었다. 나는 이 고객 회사의 경제 전망을 바꾸기 위해 성장 트렌드를 알아내야 했고, 그 일을 위해 방대한 자료를 분류해서 흐름을 찾아야 했다. 그런 뒤 최종적으로 내가 일하는 컨설팅 회사가 이 고객 회사의 신사업 전략 수립의 토대가 될 정보를 제공해야 했다. 당시는 개인용 컴퓨터 보급이 되기 전이었고, 나는 날마다 책에 적힌 숫자들을 거대한 회계 용지—그 크기가 무려 가로 2.5미터 세로 60센티미터였다—에 옮겨 적은 뒤 분류하고 합산해야 했다.

나는 불안하고 막막했다. 어느 날 밤, 사무실에서 숫자를 가득 옮겨 적은 거대한 종이들에 둘러싸인 채 혼자 앉아 있던 일이 기억난다. 아주 늦은 시간이었다. 회계 용지가 서른 장쯤 되었는데, 자료가 수백 줄이라서 한 쪽을 채우는 데 한 시간이 넘게 걸렸고, 겹치는 내용은 하나도 없었다. 나는 피로와 좌절감에 울음이 터졌다. 능력이 부족해 그 일을 더 잘할 방법을 몰랐기 때문이다.

그러다 나는 한 가지 알고리즘을 사용해서 이 문제를 해결했다. 그 거대한 데이터 책들을 정리하기 위해 몇 가지 전제를 토대로 방정식을 개발한 것이다. 나는 그게 정확하지 않고 틀릴 수 있다고 생각했다. 또 몇 주일은 아니라도 이미 여러 날 동안 트렌드 데이터를 보았기 때문에, 특정 카테고리의 광고는 증가하고 다른 카테고리는 줄어든다는 것, 어떤 것이 크고 어떤 것이 작은지 알았다. 하지만 내 알고리즘을 사용해서 차트를 만들어보니 아무것도 나오지 않았다. 그걸로는 고객 회사에 아무런 흐름도 알려줄 수 없었다. 그래서 어떻게 했을까? 나는 차트가 그럴듯하게 나오도록 숫자를 조작했다.

나는 아주 조심스럽게 그 일을 했다. 여기 1포인트를 더하고 저기 0.5포인트를 빼고 했더니 결과가 그럴싸해졌다! 조작 결과 차트는 의미 없는 것에서 어떤 흐름을 담은 것으로 변모했고, 나는 그동안의 작업에 토대해서 그것이 진실이라 굳게 믿었다. 다만 내 수학 실력이 형편없어서 그걸 쉽게 찾지 못한 거라고 생각했다. 그렇게 스스로를 도덕적 회색 지대에 몰아넣고도 너무도 순진하게, 고객을 위한 해결책을 찾은 일이 너무 기뻐서 그대로 밀고 나갔다.

내가 고친 그래프는 고객 사의 수익 전략 수립으로 이어졌고, 그들은 그것을 마음에 들어했다. 여름방학이 끝났을 때 자신감이 향상되었고, 취업 제안도 받았다. 그리고 그 경험을 뒤로하고 하버드로 돌아갔다.

몇 주 후 자동 응답기에 메시지가 와 있었다. 컨설팅 회사의 동료였다. "조애나 씨의 분석을 다시 활용하려고요. 고객 사가 그 분석에 만족해서 우리 회사에 조사를 또 한 건 의뢰했어요. 그래서 그걸 현재의 숫자로 업데이트하고 싶은데 조애나 씨가 한 대로 재현이 안 되네요."

나는 그에게 전화하지 않았고, 누구에게도 내가 한 일을 말하지 않았다. 두려움이 엄습했다. 밤이면 악몽을 꾸었다. 공부에 집중이 되지 않았다. 수치심이 불길처럼 타올랐다. 내가 사람이라도 죽인 것 같았다. 나에게 취업 제안을 한 사람이 전화해서 내가 이미 해고되었다고 말할 것 같았다. 이런 상태로 2주일이 지나갔고, 그사이에 전화는 두세 번 더 왔다. 마침내 나는 그에게 전화를 걸어서 말했다. "제 분석 기록을 못 찾겠어요."

그가 대답했다. "괜찮아요. 조애나 씨가 어떻게 그 일을 했는지만 알려주세요." 나는 "노트가 없어서 기억이 안 난다"고만 대답했다.

온 세상에 내 잘못을 들킨 것 같았다. 양심은 내게서 휴식을 빼앗았다. 결국 나에게 취업 제안을 한 사람에게 전화를 걸어서 모든 일을 털어놓았다. "이 말씀을 드리면 저를 채용하시지 않을 것 같지만, 이대로는 지낼 수 없어서 다 말씀드리고 싶습니다. 더는 죄책감 속에 살 수 없어요."

내가 그 일을 다 털어놓자 그가 웃음을 터뜨리며 말했다.

"우선 조애나 씨가 다시는 그런 일을 하지 않기 바랍니다." 하지만 그는 내가 아무런 지시나 감독도 없는 상태에서 어쩌다 그런 일을 하게 되었는지 이해한다고 말했다. 그리고—내 분석을 활용하려고 하는—동료에게 이야기를 할 테니 걱정 말라고 했다. "물론 취업 제안도 취소하지 않을 거예요. 우리는 조애나 씨가 돌아오기를 바랍니다. 솔직히 말해줘서 고마워요." 나는 안도의 한숨을 쉬었다.

이 젊은 날의 실수는 나에게 많은 가르침을 주었다. 우선, 나는 이 일을 통해 내 강점과 약점을 인식할 수 있었다. 나는 어떤 문제를 다른 방식으로 보거나 새로운 시각의 질문을 함으로써 창의적으로 풀 수 있었지만, 그 창의력을 분석에 적용하지는 못했다. 둘째로 나와 별로 어울리지 않는 회사에 적응하려고 노력하는 동안, 나는 그렇게 일하는 건 직업윤리를 해치며, 결국 내 진실성이 중요하다는 것을 알게 되었다. 이런 깨달음은 내가 전보다 높은 수준의 전문성을 개발하게 해주었다. 마지막으로 나는 문제 해결을 좋아하게 되었다. 쉬운 답이 없을 때면 질문을 계속했다. 아이러니하게도 이런 높은 기준 덕분에 나는 컨설팅 세계에서 승승장구하며 최상층에 오르게 되었다. 나는 모델의 결함, 스프레드시트의 실수, 허약한 가정을 직관적으로 찾아내는 파트너가 되었고, 미디어 회사의 성장 기회를 찾아주는 사람으로 컨설팅 업계에서 유명해졌다. 이 일은 젊은 날의 실수가 특정한 기술을 연마하는 비옥한 토대가 될 수 있음을 증명한다.

나의 또 한 가지 실수는 주어진 과제보다 나 자신의 '좋은 아이디어'에 더 몰두한 것이었다

여러 해가 지난 뒤, 나는 회사의 선임 파트너가 되었고, 다른 파트너들과 함께 간부 연수를 가게 되었다. 연수 주제는 회사가 나아가야 할 방향이었다. 나는 그런 과제를 좋아해서, 비디오 인터뷰를 수집하며 예상 범위를 넘는 광범위한 준비를 했다.

나는 비판을 끝없이 쏟아내는 11분짜리 비디오가 대단한 발표거리가 아니라는 걸 미리 알아야 했지만, 그 실수는 빙산의 일각이었다. 나는 회사의 최고 임원들 앞에서 발표할 예정이었고, 발표 전에 회사 창업자 한 명에게 전화를 해서, 내 발표 내용은 회사의 재탄생을 요구하는 것이라고 말했다. 임원진과 젊은 사람들 사이의 협력 관계를 증진하고, 첨단 분야를 포함해서 폭넓은 범위의 고객 사를 확보하고, 업무에 깊이를 더해줄 존경받는 전문가를 유치하기 위해 새로운 직위를 만들자는 내용이라고. 그는 "아주 용감하군요" 하고 대답했다. 나는 그 말이 무슨 뜻인지 몰랐지만, 굳이 물어보지 않았다.

다음 날 우리는 뉴욕시의 특급 호텔에서 만났다. 나는 이 사람들 앞에서 발언한 적이 없었다. 그들은 스무 명 가량의 나이든 남자들로 특이한 문화가 있었다. 거대한 U자 형태를 이루어 앉고, 문서를 파쇄할 때는 종이를 북북 찢어 가운데 바닥에 버리는 것이었다.

나는 그 방에 들어가서 다른 남자 동료 두 명과 함께 찢어진 종이 더미 앞에 섰다. 우리는 30분 동안 준비한 비디오를 보여주고 발표를 했다. 발표 후 30분 동안 그들의 반응을 들었다. 그 핵심은 "어떻게 감히! 당신이 그 자리에 뽑힌 지 얼마나 됐다고! 아무래도 우리가 잘못 뽑은 것 같아!"였다. 나는 우리 아이디어—우리는 아이디어가 많았다—를 옹호하려고 했지만, 그들의 분노가 너무 커서 울음을 참으려 애써야 했다.

오랫동안 그 일은 나에게 아무런 교훈도 얻을 수 없는 끔찍한 순간으로만 남아 있었다. 그런데 여러 해가 지난 뒤, 내가 성공한 여성 리더들의 발전 과정과 관련된 자료를 모아 새로운 모델—'내공의 리더십'—을 만들 때, 몇 가지 중요한 점을 깨달았다.

그때 회사 창업자가 나에게 "용감하다"고 말했을 때, 나는 그 말이 이상하다는 걸 알았다. 그리고 내 마음 한구석에서는 내 계획에 문제가 있다는 것도 알았기에, 그에게 그 말의 이유를 물어야 했다. 하지만 나는 그런 직감을 믿지 않았다.

나는 내 의도—정말로 중요한 건 그것이었는데—에 집중하지도 못했다. 그것은 우리 회사의 발전 방향을 생각해보자는 것이었지만, 비디오는 정말로 11분 내내 불평불만만 쏟는 내용이었다. "여기 이게 불만이고, 저기 저게 불만이고, 또 여기 이것도 불만이고" 하는 식이었다. 요즘 나는 이런 일을 할 때 '장점 탐구'의 렌즈로 접근한다. 먼저 성공 사례로 시작해서 강점을 이야기하고 그다음으로 나아가는 것이다. 새로운 아이디어를 내고 변화를 이루고 싶다면, 기존의 것을 존경하는 데서 시작해야 한다. 그래야 다른 사람들이 지키고 싶어하는 것을 우리가 죽이려 한다는 불안을 없앨 수 있다.

마지막으로, 나는 최악의 반응이 나올 경우를 전혀 대비하지 않았는데, 실제로 그런 일이 벌어졌다. 나는 얼어붙어서 그들의 질문에 한마디도 대답하지 못했다.

회사가 나를 깊이 믿어주었기에 내 그런 행동을 참아주었다는 걸 깨닫는 데는 여러 해가 걸렸다. 또 이 고통스러운 경험에서 소중한 교훈을 얻는 데도 많은 시간이 걸렸다. 그 교훈을 깨닫자, 실수는 언제나 배움의 기회라는 내 믿음은 더 확고해졌다. 실수는 배움을 얻지 못할 때만 '실패'가 된다.

조애나 바시의 조언

✚ 많은 젊은이가 '인생 길을 잘못 선택할까' 두려움을 느끼는 것 같다. 아직 많은 결정을 내리지 않았기 때문에 모든 결정이 중요한 것이다! 그래서 어떤 결정도 내리기 힘들어하는데, 그것 자체가 실수가 될 수 있다. 자신이 정말로 창조하고 싶은 것에서 시작하고, 진전이 있으면 제대로 도전하라. 무엇을 하고 싶은지 모른다면 유용한 기술을 얻는 데 집중하자.

✚ 낯선 영역으로 나가는 일을 꺼리지 말라. 우리의 리더십 훈련 프로그램에는 사람들 앞에 나가서 노래하는 것도 있다. 그런 일은 진정한 모험의 경험이 되기 때문이다. 어떤 사람들은 부끄러운 나머지 울음을 터뜨리지만, 그 일을 해내면 그래도 죽지 않고 숨 쉬고 있음을, 그 일로 더 강해졌음을 느낀다.

얼라이나 튜전드_저널리스트

"우리는 돈과 관련된 많은 일을 부끄럽게 여긴다. 그리고 그런 일을 개인적으로 받아들인다. 수입 관리, 임금 협상 방법을 배우지 않으면서도, 모두가 돈 문제를 완벽하게 다루어야 한다고 생각하는 것이다."

얼라이나 튜전드는 2007년에 <뉴욕 타임스>에 실수에 대한 글을 썼는데, 독자들의 감사 편지가 쇄도하자 아예 그것을 책으로 내기로 했다. 『실수를 통한 발전』이 그것이다. 튜전드는 그 글을 쓰고 나서 "이 세상은 '실수하면 안 된다'고 말하지만, 나를 포함한 대부분의 사람은 '모두가 실수를 하고 그래도 괜찮다'는 말을 듣고 싶어한다"고 말한다. 베스트셀러 작가 대니얼 핑크는 그 책이 "실수라는 인간적 현상을 흥미롭고 폭넓게 탐색했다"고 평했다.

그 책은 재미있고 이해하기 쉽고 명쾌하고 지적이다. 나와 통화하며 지난 세월 원고료 협상 시 저지른 실수 이야기를 해줄 때 얼라이나의 태도도 그랬다. 그는 지혜로운 조언을 많이 해주었고, 나는 그 일부를 바로 활용했다. 상사와의 어려운 만남을 계속 미루는 친구에게 먼저 이메일로 대화를 시작하라는 얼라이나의 조언을 전한 것이다. 친구는 미처 그런 생각을 못 하고 있다가 그 조언대로 이메일을 써서 보냈고 결과는 훌륭했다!

얼라이나는 30년 동안 워싱턴 DC, 캘리포니아 남부, 런던, 뉴욕 등에서 저널리스트로 일했다. 2005년부터는 〈뉴욕 타임스〉 비즈니스 섹션에 격주로 칼럼을 쓰고 있다. 그리고 2011년에는 그동안 쓴 개인 금융 칼럼으로 미국비즈니스편집자작가협회가 주는 '베스트 인 비즈니스 상'을 받았다.

취업을 하게 돼서 감사해도 협상은 하라

어려서부터 저널리스트가 되고 싶던 나는 젊은 시절 〈로스앤젤레스 헤럴드 이그재미너〉에 취업했다. 때는 1980년대 말이었고, 회사는 내게 주급 200달러가량을 제안했다. 작은 액수였지만 나는 취업했다는 사실이 기뻐서 협상하지 않고 받아들였다. 또 젊고 독신이라서 그 돈으로도 살 수 있었다.

거기서 2년 동안 기자로 일한 뒤 나는 기자협회에서 보직을 맡았다. 그리고 그때 내 동료들 전체의 봉급이 적힌 것을 보게 되었다. 그 일은 내게 큰 충격이었다. 내 봉급이 가장 적었기 때문이다. 나는 모두가 연차에 따라서 노조 임금률로 정한 봉급을 받는 줄 알았다. 하지만 실제로는 많은 사람이 그 이상을 받고 있었다. 나는 배신감과 바보가 된 기분을 느꼈다.

신문사는 재정이 어려웠고, 내 임금을 올려줄 가능성은 없었다. 마음 한구석에는 내가 돈을 더 받을 가치가 없을지 모른다는 두려움도 있었다. 나중에 알게 되었듯, 이것은 (특히 여자들에게) 상당히 보편적인 공포고, 우리가 극복해야 하는 감정이다. 종이는 곧바로 접혀서 눈앞에서 사라졌지만, 그것은 내가 자기 가치를 찾는 오랜 학습 곡선의 시작이 되었다.

20대 중반이 되었을 때 캘리포니아의 〈오렌지 카운티 레지스터〉라는 곳으로 옮겼다. 그 신문사는 규모도 더 크고 재정도 양호했다. 나를 채용한 편집자가 전화로 봉급에 대해 물었다. 내가 〈헤럴드 이그재미너〉에서 받던 것보다 약간 높은 금액을 부르자 편집자는 웃으며 말했다. "그보다는 더 줄 수 있어요!" 물론 고용자 측이 그렇게 솔직하고 너그럽게 나오는 경우는 드물다. 내가 평균 임금에 대해 조사를 해보지 않은 것이 잘못이었다! 인터넷이 없던 시절이지만, 가까운 친구들에게 물어볼 수는 있었는데 말이다.

협상에 따르는 감정을 잘 관리해야 한다

내가 〈뉴욕 타임스〉에 칼럼을 쓰기 시작하고 2년 정도 지났을 때 편집자가 말했다. "원고료를 올려달라고 하세요. 남자 칼럼니스트들은 다 그래요." 나는 칼럼을 쓰는 일 자체가 너무 감사해서 원고료 인상 요청은 생각도 하지 못했고, 그런 나에게 다시 한번 짜증이 났다. 나는 프리랜서 저널리스트로 (그것도 비즈니스 분야에서!) 잘나가고 있었는데, 어쩐 일인지 여전히 협상 기술은 익히지 못했다. 불편했지만 용기를 내서 나에게 적절한 원고료가 얼마라고 생각하는지 그에게 물었다. 그런 뒤 이를 악물고 거기 50달러를 더 붙여야겠다고 말했다. 그러자 그는 비즈니스 담당 편집자에게 이메일 쓰는 요령을 조언해주었다. 하지만 그 이메일을 쓰는 동안 내 머릿속에는 '욕심쟁이라고 욕하지 않을까, 주제를 모르고 지나친 요구를 한다고?' 하는 생각이 떠나지 않았다. 그는 분명 거절할 것 같았다.

하지만 비즈니스 담당 편집자는 "좋습니다" 하고 말했다.

타고난 협상가를 빼면 남자고 여자고 보수 이야기를 하기가 쉽지 않지만, 여자는 남자보다 이런 일을 더 개인적으로 여기는 경향이 있다. 우리는 우리에게 그만한 가치가 있다는 것, 그만한 요구를 할 수 있다는 걸 알아야 한다. 하지만 또 요구를 이루지 못했다고 좌절하지도 말아야 한다. 고용주의 보수 인상 결정에는 많은 요인이 작용한다는 것을 이해해야 한다. 하지만 어쨌건 우리를 저평가하고 저임금에 쓰려는 곳은 떠나야 한다.

실태를 조사하고 실패에 낙심하지 말라

나는 아주 최근에야 돈 문제에서 일관되게 협상할 수 있게 되었다. 40대와 50대에 〈뉴욕 타임스〉 칼럼 집필과 책 출간으로 이름을 얻자 나는 목소리를 높였다. 잡지사가 단어당 1달러의 원고료를 제안하면 용기를 내서 "저는 보통 2달러를 받습니다" 하고 말하기 시작했다.

나는 다양한 미디어 업체의 급여 관련 정보를 수집해서 (익명으로) 발표하는 저널리스트 단체의 회원이다. 전에 내가 단어당 1달러 50센트의 원고료를 제안받을 때 다른 사람이 1달러 75센트를 받는 것을 본 뒤로 나는 협상 전에 항상 실태를 조사한다. 그리고 원고료는 중간쯤에서 결정될 테니 어쨌건 높게 부르는 일은 해볼 만한 시도라고 생각한다. 내가 2달러를 요구하면, 결국 1달러 75센트에서 마무리될 것이다. 작은 차이 같지만 합해지면 크다.

최근에도 어느 대학 잡지에서 나에게 원고를 청탁하면서 원고료를 얼마 받느냐고 물었다. 나는 간행물에 따라 단어당 1달러도 받고 2달러도 받지만, 그들에게는 "1달러 50센트 정도"라고 말했다.

그러자 원고 청탁자가 흔쾌히 "알겠습니다" 하고 말했다. 나는 '왜 2달러를 안 불렀을까?' 하는 생각에 머리를 쳤다. 800달러를 더 벌 기회를 놓쳤기 때문이다. 나에게 지나치게 높은 값을 매긴다는 두려움이 문제였다. "내가 그만한 가치가 안 되면 어떻게 해? 기대를 채워야 하는데."

그래서 협상하는 법을 알아도 협상을 늘 원하는 대로 이끌지는 못한다. 하지만 계속 발전하고 있다.

질문은 아무런 해도 끼치지 않는다

어떤 편집자가 내 책을 읽고 이메일을 보냈다. "저희는 모두 선생님 책을 좋아해요. 원고 청탁을 드리고 싶은데 단어당 30센트는 어떠세요?" 칭찬은 기분 좋았지만 원고료가 상식 이하였다. 높여달라고 말할 생각도 들지 않았다. 첫 제시액이 단어당 30센트면, 그곳은 내가 통상적으로 받는 원고료를 줄 수 없는 곳 같았다. 남편에게 이 일을 말했더니, 그는 나더러 (자기 존중을 위해, 그리고 주장을 확실히 하기 위해) 내 통상 원고료는 그보다 훨씬 높다는 걸 그 사람들에게 밝히라고 했다. 하지만 나는 돈 문제를 언급하고 싶지 않았다. 그래서 원고 청탁은 감사하지만 시간이 없다고 답장을 하며 마지막에 한 줄을 보냈다. "제 원고료는 통상 그보다 훨씬 높습니다." 그러자 편집자가 다시 답장을 보냈다. "그러면 단어당 2달러는 어떠세요?" 그래서 처음에는 말도 안 된다고 생각한 청탁을 결국 수락하게 되었다.

대부분의 사람이 원하는 금액을 말하기 힘들어한다는 것, 그리고 일이 잘못되어도 최악의 결과는 거절당하는 것뿐이라고 생각하면 마음이 조금 편해질 수 있다. 극적인 대화가 필요한 것도 아니다. 많은 경우 여자들은 "제 가치는 그보다 높다고 생각하는데요?"라거나 "금액을 올려주실 수 있나요?"라는 말을 잘하지 못한다. 오만하다는 인상을 줄까 봐 걱정하기 때문이다. 또 돈을 더 받으면 모든 걸 완벽하게 해야 한다고 걱정한다. 내 친구인 뛰어난 저널리스트 한 명은 보수가 인상되면 "야호, 당연히 그만큼은 받아야지" 하기는커녕 속이 뒤틀린다고 한다. 자신에게 그만한 돈을 받을 가치가 없다는 느낌 때문이다. 하지만 그런 사고방식에서 벗어나야 한다. 그래야 성별 임금 격차도 줄여나갈 수 있다.

얼라이나 튜전드의 조언

✦ 돈 관련 문의는 대체로 이메일로 하는 편이 더 쉽다. 저널리스트로 활동하면서 보니 우리가 여지를 주면 상대는 그걸 덥석 물어버린다. 전화 통화를 하면 냉정해지기 어렵다. "다들 힘들 때라서 그만큼 주기 어려우실지 모르겠네요" 하고 말하면 상대는 대개 "네, 맞아요" 하고 대답한다. 이메일로는 좀 더 콧대를 세울 수 있다. 대화의 기록이 남는다는 이점도 있다.

✦ 전화상으로 또는 대면 상태에서 원하는 액수를 요구하게 되면, 요구 직후 잠시 침묵하라. 그것은 강력한 효과가 있다.

✦ 내가 보수를 협상할 때 쓰는 핵심 문장은 이렇다. "저는 통상적으로 X를 받습니다" 또는 "표준 원고료는 X로 알고 있습니다." 보수 협상은 비즈니스 거래일 뿐 나 자신의 가치나 나한테 부족한 것을 말하는 일이 아니다. 나한테 뭐가 부족한지 말할 필요도 없고 미안해할 필요도 없다.

✦ 돈 문제에는 아주 많은 감정이 달라붙기 때문에, 협상 때 내가 할 말뿐 아니라 상대가 거절할 때 받을 느낌도 예상해야 한다. 상대가 거절한다고 내가 틀린 게 아니라는 것도 명심하자.

✦ 때로 사람들은 돈보다 다른 것—경험이나 위신 등—을 원해서 적은 급여를 기꺼이 받아들인다. 하지만 (특히 요즘은) '업계 체험'만을 위해 공짜로 일해주는 함정을 피해야 한다. 가치 있는 경우가 드물고 대개 착취일 뿐이다. 우리의 가치는 그 이상이다. 업계 체험이나 노출만으로는 현실 생활에 아무런 도움이 되지 않는다.

설리나 레즈바니 _기업인

> "우리는 인생에서 A 또는 B라는 선택지를 받았는데 존재하지 않는 C를 원할 때가 있다. 나는 내가 좀 더 이른 시기에 과감하게 자기 의심을 극복하지 못한 것, 직업상 익숙한 길만 고려할 필요가 없음을 깨닫지 못한 것이 안타깝다."

설리나 레즈바니는 전형적인 MBA 출신 전문가가 아니다. 우선 그의 첫 전공은 사회복지학이다. 그는 그 덕분에 어려운 대화를 이어나가고 비즈니스 회의를 이끄는 기술을 익혔다고 말한다. 둘째로 그는 높은 야심과 예리한 지성을 갖추고도 놀라울 만큼 사랑스럽다. 말투는 사려 깊고 목소리는 부드럽다. 그는 이런 폭넓은 배경과 전문성을 토대로 여성 리더십에 대한 중요한 책을 두 권 냈다. 『차세대 여성 리더십: 리더에게 필요하지만 경영대학원에서 가르쳐주지 않는 것』 『저항: 똑똑한 여자는 어떻게 자신이 원하는 것을 요구하고 옹호하는가』가 그것이다. 한편 레즈바니는 컨설팅 회사 '위민스 로드맵'을 창립

했다. 이 기구는 여성 리더십 발전을 돕고, 기업들이 포용적 문화를 만들도록 지원한다.

레즈바니의 활동은 <월 스트리트 저널>, NBC, ABC, <포브스우먼> <제저벨> 등에 소개되었고, <워싱턴 포스트>에 여성과 리더십에 대한 칼럼도 쓴다. 이 칼럼은 2012년에 레즈바니에게 '여성 문제에 대한 제인 커닝엄 크롤리 저널리즘 상'도 안겨주었다.

그는 뉴욕대학교에서 사회복지학으로 석사학위를 받았고, 존스홉킨스대학교 MBA 과정을 수석으로 마쳤다.

'착한 여자'가 되라는 압박은
인생의 모든 영역에서 족쇄가 될 수 있다

나는 '착한 여자'가 되라는 압박 속에 자랐다. 남의 기분을 상하게 하지 마라. 너무 직접적으로 말하거나 너무 많은 걸 요구하면 오만하거나 욕심 많아 보이니 안 된다… 나는 이런 '규칙들'을 내면화한 채 대학에 입학했고, 수업 시간에 발언할 때 나도 모르게 "이건 바보 같은 생각일 수 있지만…" 또는 "제가 전문가는 아니지만…" 같은 표현을 덧붙였다. 여자 동급생들은 대개 나처럼 조심스러워했지만, 남학생들은 설익은 아이디어도 당당하고 편안하게 말하는 것 같았다.

그때 나는 여자 룸메이트 네 명과 살았는데, 우리는 서로 충돌할지 모른다는 걱정(말을 잘못해서 다른 사람 기분을 상하게 하면 어떡하지?) 때문에 직접적인 소통을 잘하지 못했다. 그리고 자기 요구를 너무 분명히 밝히면 우리 관계가 회복 불가능하게 망가질 거라는 걱정에 불필요한 사과를 많이 했다. 나는 원하는 것을 얻으려고 협상하지도 않았고, 나 자신을 옹호하지도 않았다. 사실 한 룸메이트와 문제가 생기면 나는 '그 사람을 뺀 다른 모든 사람과' 그 일을 솔직하게 말했다. 이런 직접적인 대화에 대한 두려움은 일에도 영향을 미쳤다. 대학교 사무실에서 아르바이트를 할 때, 어떤 사람들이 일을 제대로 못해도 질서와 평화를 위해 아무 말도 하지 않았다. 나는 그렇게 스스로에게 제한을 걸어두고 인생의 모든 영역에서 힘든 대화를 피했다.

자신에게 가장 매력적으로 느껴지는 일을 하라, 통념에 맞서거나 자신을 바꾸어야 한다 해도

대학을 마치고 사회복지대학원에 진학했지만 전통적인 사회복지는 내가 원하는 분야가 아니라는 것을 금세 알아차렸다. 브루클린의 힘겨운 여성 쉼터에서 인턴으로 일하는 동안 훌륭한 사람을 많이 만났지만, 그 일에 익숙해지지 않았다. 그래도 나는 그 일을 계속했다. "쉽게 포기하면 안 돼. 이 일을 하기로 했으니 버텨야 해." 그러면서 내가 배우는 것을 그곳에서 일하는 여자들에게 적용할 방법도 생각했다. 고등학교와 대학교에서 앞에서 말한 여러 일들을 보고 겪은 터라 여자들이 일에서 능동성을 키우게 도와주고 싶었다.

한 가지 문제가 있었다. 그 일이 너무 비현실적인 것 같았다. 내가 참여하는 사회복지 프로그램에는 그런 일을 하는 사람이 한 명도 없었다. 내 동료들은 정신질환자나 노숙인, 10대 엄마를 돕는 곳에 취직하고자 했다. 그래서 '여자들을 돕는 일'이란 직장인 약물 및 알코올 중독 상담과 비슷하게 보였다. 나는 강도 높은 상담 업무를 피해 기업 업무를 선택하면 사람들에게 변절자로 보일까 봐 움직이지 못했다. 비난받을 것이 두려웠다. 돌아보면 그때 내가 그 엉뚱한 아이디어를 제안하고 추진할―그냥 물어보기만이라도 할!―용기를 내지 못한 것이 안타깝다. 그랬으면 나는 그 프로그램에서 훨씬 많은 걸 얻어냈을 테고, 비슷한 일을 하고 싶어하는 사람들도 도울 수 있었을지 모른다.

대학원을 마치고 두 가지 일을 했다. 하나는 HIV-양성자 상담이었고, 또 하나는 범죄 피해자를 지원하는 일이었다.

그 일들은 너무 작거나 너무 큰 재킷을 입는 것 같았다. 둘 다 내게 맞지 않고 불편했다. 내 직감이 "이건 아니야" 하고 말했지만 나는 버텼다. 그때는 몰랐지만, 내가 그렇게 전통적 사회복지 업무에 매달린 것은 여전히 '착한 여자'가 되어야 한다는 강박 때문이었다.

그러던 어느 날, 내 멘토 한 명이 나에게 만약 마술봉이 있고, "학위를 따느라 돈을 많이 썼으니 이 일을 계속해야 돼" 하는 내면의 속삭임이 없다면 무슨 일을 하고 싶은지 물었다. 마침내 '내가 정말로 원하는 게 무엇인지' 생각해보게 되었다. 일에서 어려움을 느끼는 여자들을 돕고 싶었다. 나는 그런 일자리를 찾아보기 시작했다. 생각의 범위를 넓혀서 몬스터닷컴, 크레이그리스트 같은 취업 사이트도 들여다보고 고등학교 동창들에게도 물었다. 그러던 어느 날 크레이그리스트에 들어가보니 '일하기 좋은 곳 연구소'라는 회사에 내가 원하는 바로 그 일이 있었다. 그곳은 회사들의 업무 환경 개선을 도와주는 컨설팅 회사였다. 자격 조건에 '석사 학위 소지자 우대'라는 말이 있었고, 나는 석사 학위가 있었다! 그래서 그 회사에 지원해서 선임 프로젝트 매니저라는 직책으로 입사했다. 그것이 내 일의 방향을 바꾸었다.

도전을 피하지 말라.
사람들은 우리가 처음부터 완벽하게 잘할 것을
기대하지 않는다

나는 새 직장이 좋았다. 직원들의 목소리를 찾아주는 일은 보람 있었다. 흥미롭게도 내가 회사 일을 잘한 것은 사회복지사로 일하면서 익힌 기술들 덕분이었다. 포커스 그룹을 이끌거나 고객 회사의 관리자들과 대화할 때, 나는 귀를 기울여 듣고, 몸짓 언어를 읽고, 포용적 태도로 토론을 이끌었다. 그 일을 하면서 나는 전부터 느끼던 것을 확실히 알게 되었다. 내가 분야 자체를 잘못 골랐던 게 아니라 중점 영역이 어긋난 것이었다는 것이다.

나는 2006년에 결혼하고 남편과 함께 워싱턴 DC로 이주했다. 그리고 3년간의 컨설팅 경험을 바탕으로 같은 분야의 회사에 취직했는데, 이제 업계 콘퍼런스에 나가서 발표를 하거나 잠재적 고객들이 읽을 잡지와 저널에 글을 실어야 했다. 처음 대중 연설을 할 때는 무릎이 후들거리고 말할 내용도 잊어버렸지만, 두려움을 직면했더니 시간이 지나며 차츰 개선되었다. 잡지에 투고하는 것도 비슷했다. 내가 처음 쓴 글들은 완벽한 것과 거리가 멀었다. 하지만 크고 작은 모험 하나하나가 자신감을 키워주었다. 나는 아주 뻔뻔해져서 〈월 스트리트 저널〉에도 투고했는데 — 이건 정말로 큰 모험이었다! — 기쁘게도 그 글이 실렸다. 그런 성취들을 이루다 보면 내가 예전에는 왜 그랬던 건지, 왜 완벽을 고집하고 낱낱이 분석하기 전에는 아무 행동도 하지 못해서 내 능력을 스스로 훼손하고 살았던 건지 의문이 든다.

나는 업계 사람들과 같은 언어를 사용하고 싶어서 경영대학원 진학을 고려하게 되었다. MBA 프로그램들에 지원할 때, 머릿속에 익숙한 자기 의심의 목소리가 울렸다. "실패하면 어떻게 할래? 너는 수학도 못하고 금융도 모르잖아. 네 전공은 경영과 전혀 관련이 없는 거였어." 하지만 나는 존스홉킨스에 합격했고, 이제 이 길을 끝까지 추구하리라는 것을 알았다. 이제 나를 억누르는 것, 걸음을 가로막는 의심의 목소리는 없었다.

그렇게 두려움을 버린 것이 성장의 가장 중요한 계기였다. 나는 두려움 없이 내가 원하는 것을 요구하고 대담한 제안을 할 수 있게 되었다. 교수가 웃음을 터뜨릴 것 같았지만 황당한 아이디어를 꺼내들었다. 고위 여성 임원은 나에게 신화적 존재였는데—나는 수십 곳의 회사와 컨설팅을 하면서 여성 임원을 한 명도 만나지 못했다—그들을 찾아서 나 같은 경력 초기의 여자에게 조언을 해줄 수 있는지 묻고 싶다는 것이 요지였다. 나는 그들을 인터뷰해서 책으로 엮고 싶었다.

교수는 웃지 않았다. 오히려 한번 해보라고 했다. 도저히 꾸릴 수 없어 보이는 '드림팀'을 구상해보라고. 나는 그 조언에 따라 최상위 여성 임원들의 명단을 작성했다. 〈워싱턴 포스트〉의 CEO, 평등고용추진위원회 의장 같은 사람들이었다. 그리고 놀랍게도 많은 이가 기꺼이 인터뷰에 응했다. 나는 그들과 대화하면서 너무 많은 것을 배워서 그것이 다른 여성들에게도 도움이 될 거라 생각하고 출판사에 원고를 보내보았다. 그것이 『차세대 여성 리더』로 출간되었고, 그와 함께 내 경력의 2막이 열렸다. 책의 홍보를 위해 연설하고 발표하고 워크숍을 이끌다가, 나는 대담하게 이런 일을 아예 직업으로 삼게 되었고, 그것도 내 방식대로 하게 되었다. 그렇게 해서 마침내 내가 처음부터 원하던 일, 일하는 여자들을 도와주는 일을 하기 시작했다.

나는 엉뚱한 문을 많이 열어본 다음에야 내가 원하는 문을 열었는데, 내가 내 직감에 귀를 기울이지 않았기 때문이다. 하지만 결국 그 직감이 직업 결정에 있어 최고의 내비게이션이었다. 나는 젊은 여자들에게 말한다. 자기 꿈을 잠시 서랍에 넣어둘 수는 있지만, 그것은 계속 튀어나와서 우리에게 "나는 어떻게 되는 거야? 언제 나한테 관심을 기울일 거야?" 하고 말할 거라고. 자발적 제약이나 '의무감'에 갇혀서 모험을 포기하고 하고 싶은 일을 놓치면 안 된다.

설리나 레즈바니의 조언

✦ 나는 사회복지대학원 교육은 나 자신의 이득을 위해 활용하지 않았지만, 경영대학원에서는 내 뜻대로 시간을 사용했고 그 효과는 컸다. 우리가 야심을 품고 대학원에 가서 그곳의 자원을 잘 활용하면, 인생에 한 번뿐인 경험을 할 수도 있다.

✦ 수학을 잘해야 경영대학원 생활을 잘하는 것은 아니다. 나도 같은 이유로 어디에도 합격하지 못할까 봐 걱정했지만, 우수한 대학원에 합격해서 즐거움을 만끽했다.

✦ 학교나 직장에 새로운 정책이나 프로그램을 도입하기 원한다면 그것을 말하라. 견실한 제안서를 작성하고, 원하는 선택지를 만드는 것이다.

✦ 때로 실패 없이는 전진이 불가능한 길도 있다. 대중 연설은 책을 수천 권 읽어도 실제로 해보기 전에는 실력을 키울 수 없다. 이런 영역에서는 경험을 통한 배움이 가장 중요한 역할을 한다.

칼라 해리스 _기업인

"나는 관리 회사 업계 내에서도 외부에서도 강연을 자주 하는데, 그때마다 자주 듣는 질문은 자신이 큰 실수를 했다는 사실을 어떻게 잊느냐는 것이다. 사람들은 그 문제로 정말로 괴로워한다. 그러면 나는 청중에게 가만히 자신을 들여다보라고 말한다. 실수를 통해서 무언가를 배웠는가? 어떤 결정이나 행동이 그런 실수를 불렀는지 아는가? 그렇게 하면 우리가 우리의 인생, 우리의 결정에 좀 더 적극적으로 참여해야 한다는 사실을 깨달을 수 있다. 그러지 않으면 인생이 우리에게 닥쳐버리기 때문이다."

칼라 해리스는 하버드대학교 1학년 때 경제학 강사에게서 재능이 없으니 경제학을 전공하지 말라는 말을 들었다. 그는 그에 대한 응수로 당장 신입생 담당 교수에게 가서 경제학을 전공으로 신청했다. 몇 년 후 졸업을 일주일 앞두고 그는 그 강사를 찾아다녔다(강사는 아직 박사 과정이었다). 마침내 도서관에서 강사를 발견하자 그가 말했다. "제가 다음 주에 마그나 쿰 라우데[우등 성적—옮긴이]로 졸업한다는 걸 알려드리려고요. 전공은 경제학이에요." 그는 자신이 그렇게 한 것은 "인생의 구경꾼이 되지 말라"고 가르쳐준 부모님 덕분이라고 말한다.

칼라 해리스는 이런 태도와 지성과 추진력으로 월 스트리트의 유력 인사가 되었다. 그는 모건 스탠리에서 기업, 공공연금, 재단, 기금 들에 투자 및 금융 자문을 제공했고, 현재는 부회장 겸 상무이사로서 고객 연결을 통한 수익 향상을 책임지고 있다.

해리스는 여러 기관에서 가장 영향력 있는 사람 명단에 올랐다. 그 가운데는 <포천> 선정 '미국 기업계의 가장 영향력 있는 흑인 경영자'와 '가장 영향력 있는 사람', 그리고 <에센스> 선정 '세계를 만드는 50인의 여성'이 있다.

그는 또한 복음성가 가수로도 성공해서 세 장의 앨범을 냈다. 뛰어난 책『승리를 기대하라: 월 스트리트 베테랑에게 배우는 증명된 성공 전략』을 쓴 저자이기도 하다. 이 책에는 그가 '칼라의 진주'라고 이름 붙인 조언이 가득하다. 한편 그는 청소년 교육 및 개발을 지원하는 활동에도 적극 참여하고 있다.

질문하는 것을 두려워하지 말라

나는 하버드 경영대학원을 마친 뒤 월 스트리트로 갔다. 그곳의 빠른 속도가 좋았고, 내가 가진 수학적 분석력과 판단력을 모두 활용할 수 있을 것 같았다. 나는 모건 스탠리의 인수합병 부문 기업 금융 전문가로 일을 시작했지만, 지금까지 여기에서 파트너로 일할 줄은 몰랐다. 이 일을 사랑하는 이유 하나는 진정한 자신을 발휘해 기여할 수 있기 때문이다. 하지만 그것은 시간이 지나는 동안 천천히 배운 것이다. 커리어 초기에 나는 '내부 멘토'는 없었지만, 끊임없는 자기 평가와 개선 노력을 통해 많은 것을 배웠다. 동료들의 피드백을 통해서도 배웠다. 그것이 요령 있게 전달되지 않아도 그랬다. 한번은 어떤 상사가 내가 회의 시간에 발언을 하지 않으니 똑똑한지 멍청한지 모르겠다고 말했다는 이야기를 들었다. 나는 내가 진정한 자신을 보이지 않고 있다는 걸 깨닫고, 그 뒤로는 항상 발언을 하려고 노력했다.

내가 배움을 얻은 방식 또 하나는 성장의 기회가 될 도전을 추구하는 것이었다. 그런데 이런 도전을 추구하는 와중에 아무에게도 질문을 하지 않아 큰 문제가 생겼다. 그때 나는 많은 노력 끝에 '거래 가격 책정'이라는 업무를 할 기회를 얻었다. 회사가 자기자본을 늘리려면, 기업 금융가를 통해 주식을 시장에 내놓고 구매자를 모은 뒤 주식의 가격을 매긴다. 이를 위해 로드쇼를 열어 잠재적 주식 구매자들에게 스스로를 알리고 주식 수요를 예측한다. 8일 정도 뒤에 수요와 시장 역학에 대한 이해를 토대로 주식의 가격을 매긴다.

거래 가격 책정 시에는 명시된 규모의 주식만 발행하는 건 아니다. 주식 가격을 책정한 뒤 예측 못 한 판매 압박이 생길 경우—그러니까 주식이 원하는 만큼 팔리지 않을 경우—에 대비해서 15퍼센트를 추가 발행한다. 그리고 그 15퍼센트를 되사서 가격을 지탱하는 것이다. 거래 가격을 책정할 때 주식 수요를 잘 알 수 없으면, 심지어 15퍼센트를 추가로 팔았다가 총 30퍼센트를 되사서 가격을 지탱하기도 한다. 이것을 '무방비 발행'이라고 한다. 하지만 애프터마켓(장외거래)의 구매 수요가 많을 거라 예상되면 무방비 발행을 하지 않는다. 투자자들이 주식을 원하면 살 것이고, 그러면 주가가 올라가기 때문이다.

나는 아직 거래 가격 책정 경험이 일천했고, 이 일을 그렇게 잘 이해하지 못했지만, 남들에게 모르는 모습을 보이고 싶지 않았다. 그리고 그 직전에 거래 가격을 책정한 남자가 무방비 발행을 했기에 나도 그렇게 해야 한다고 생각했다. 문제는 그 사람이 그렇게 한 것은 주식의 구매 수요를 예측할 수 없었고, 애프터마켓의 가격을 방어해야 했기 때문이다. 그와 달리 내가 맡은 거래는 상태가 아주 좋았다. 주식 수요가 판매량을 훨씬 능가하고 있었기에 무방비 발행을 할 필요가 없었다.

나는 그때까지 그런 미묘한 차이를 몰라 추가 주식을 판매했는데, 그것이 공개시장에 나오자마자 가격이 급등했다. 그 일로 내가 가격 책정을 맡은 회사는 아주 난처해졌다. 오른 가격으로 주식을 재매입해야 했기 때문이다. 그것은 값비싼 실수였고, 회사는 손해를 보았다.

그날 나는 모르면 물어봐야 한다는 것을 배웠다. 우리는 남에게 도움을 요청하고 싶지 않을 때가 많다. 무언가 모르는 모습을 보이고 싶지 않고, 그 사람이 요청을 거절하거나 도움을 주지 않을까 두렵기 때문이다. 하지만 그 사람이 요청을 거절하면 다른 사람에게 물으면 그만이다. 누군가는 우리를 도와줄 것이다.

크고 공개적인 실수를 하면
크고 공개적으로 인정하라

나는 그 실수로 참담해졌고 죄책감은 여러 날 이어졌다. 그사이 우리 회사의 어떤 남자가 내 실수를 사방에 떠들기로 작정했다. 그는 우리 부서 곳곳을 돌아다니며 동료들에게 "세상에! 그 거래 때문에 아직도 손실이 나고 있어. 그게 도대체 얼마야? 내가 이 업계에 들어온 뒤로 그런 건 정말 처음이야"라고 떠들었다.

그렇게 2주일이 지나자 나는 더 이상 그런 말을 듣고 싶지 않았다. 그래서 그를 따로 불러서 말했다. "당신은 그동안 나를 많이 도와주었고, 누구보다 내가 잘하기를 바랄 거예요. 하지만 나도 이 실수의 의미를 알아요. 나는 거기서 큰 가르침을 얻었고, 어쨌건 그 대가가 값비쌌다는 걸 잘 아니까 그 일을 자꾸 언급하지 않으셔도 돼요. 그렇게 해주실 거라고 믿습니다." 그 일은 그걸로 끝이었다. 곤란한 사람을 상대하는 데는 때로 정면 대화가 가장 좋다. 상대가 우리를 겁주려고 할 때는 절대 달아나서 숨으면 안 된다. 그것은 그들의 힘을 키워주는 일이다. 대신에 거기 맞서서 "그러지 말라"고 말하면 그들은 대개 사라진다.

내가 배운 또 한 가지는 모두가 내 실수를 안다면, 내가 그 일에 책임을 지고 있다는 것도 알려야 한다는 것이다. 우리는 협상을 진행 중인 동료보다 성공적으로 책임감을 보여야 한다. 나는 이미 상사에게 조용히 사과를 했지만, 동료들에게도 공개적으로 농담을 섞어서 "어떻게 그런 짓을 했나 몰라요. 덕분에 '무방비 발행'이 뭔지는 제대로 배웠지 뭐예요" 하고 말해야 했다. 심각한 상황에서 유머는 유용한 도구가 된다. 유머를 사용해서 자신의 실수를 가볍게 넘기면 안 되지만, 우리가 자신에 대해 농담을 할 수 있는 모습을 보이면 동료들은 대개 우리를 존경한다.

월 스트리트는 일의 속도가 빨라서, 나는 곧 다른 거래를 맡아 그다음 주에 가격 책정을 하게 되었다. 나는 같은 실수를 할까 움츠러드는 걸 용납하지 않았고, 그러지 않을 것을 알았다. 이제 확실히 배웠기 때문이다. 의문이 들 때는 물어봐야 한다는 것을.

칼라 해리스의 조언

✦ 우리가 회사에서 큰 실수를 저질렀고 모두가 그 사실을 안다면, 우리 자신이 그 일에서 교훈을 얻었고 다시는 그런 일을 하지 않을 거라는 사실을 널리 알려야 한다. 그래야 다른 사람이 그것을 가지고 나를 흔드는 일을 막을 수 있다.

✦ 실수가 치명적인 경우는 드물다. 모든 실수는 회복할 수 있고, 그 핵심은 "어쩌다 이렇게 되었지? 여기서 무엇을 배웠지?" 하고 스스로 묻는 것이다. 그런 뒤 털고 일어나 나아가면 된다.

✦ 여자는 남자보다 실수에 더 집착하는 경향이 있고, 그런 마음의 짐은 경쟁력을 저해한다. 더 많은 사람들이 젊은 여성에게 실수는 큰일이 아니니 마음의 짐을 떨치라고 말해주어야 한다.

✦ 나는 사내 멘토는 없었지만 초기에 후원자는 있었다. 후원자는 비공개적 자리에서 나를 옹호해주는 사람이다. 나와 개인적 관계가 있을 필요는 없지만, 나의 업무를 크게 존중하는 사람이어야 한다. 내가 간부 자리에 올라 젊은 사람들을 평가해보니, 그 과정이 몹시 주관적이라는 걸 알 수 있었다. 그래서 자신을 적극 옹호해주는 사람이 있는 것이 아주 중요하다는 것을 다시 한번 절감했다.

3부

거절하기

대니얼 골먼의 『일터에서의 감성 지능』은 성차에 대한 한 연구 자료를 인용한다. "남자도 공감 능력의 잠재력은 여자 못지않지만, 공감할 동기가 여자보다 낮다"는 내용이다. 남자는 마초스러운 터프함을 드러낼 때 보상을 받는 반면, 중산층 미국 여자는 '섬세한 감정'을 갖도록 ― 그것이 여성적으로 여겨지기 때문에 ― 길러진다는 것이다. 이런 이분법은 집단에도 여성 일반에게도 도움이 되지 않고, 일터에서 혼란스러운 반향을 일으킬 수 있다. 셰릴 샌드버그는 탄탄한 연구에 토대한 베스트셀러 『린 인』에서 이렇게 요약한다. "유능한 여자는 친절해 보이지 않는다. 여자가 친절하면 별로 유능해 보이지 않는다. 기업에서 채용하거나 승진시키고 싶어하는 직원은 유능하면서도 친절한 사람이기 때문에, 이런 편견은 여자에게 큰 걸림돌이 된다."

*

이것은 딜레마다. 적극성과 '공격성'을 가르는 기준은 무엇인가? 호의는 어느 지점에서 '호구'가 되는가? 그리고 이런 일이 직장에서의 한계 설정에 무슨 의미가 있는가? 스미스대학교 여성학 교수 캐리 베이커는 말한다. "여자들이 거절하지 못하는 것은 현실의 인적, 구조적 장벽을 반영한다." 한편 '친절해야 한다'는 압박은 일부 여성에게 너무 많은 짐을 지운다.

흥미롭게도 아직 여자가 남자보다 많은 것을 돌보는 (가정 등) 직장 밖에서는 '일 때문에 거절'하는 것이 일종의 휴식을 준다. 〈제저벨〉의 창립자 애나 홈스는 자신의 첫 책이 뜻밖의 깨달음을 주었다고 말한다. 그 책의 집필을 구실로 드디어 모두에게 시간을 내주어야 하는 처지에서 벗어날 수 있었기 때문이다. 그는 말한다. "많은 여성이 이런 느낌을 받을 것이다. 나 역시 상냥해야 하고, 가족과 친구를 돌봐야 한다고 배우며 자랐다. 그런데 처음으로 안 된다고 거절할 핑계가 생겼다. 아니, 통화할 시간 없어. 아니, 그건 도와줄 수 없어. 아니, 저녁 약속 못 해. 안 된다고 거절하는 것, 그것은 자유의 느낌이었다."

이 책을 마무리하면서—마감 때문에 많은 사람의 부탁을 거절하면서—나는 홈스를 생각했다. 그리고 그와 똑같은 느낌을 받았다. 어떤 과제를 수행하기 위해 "이기적으로 행동하는 것"(홈스의 표현), 나에게 맞는 것을 선택하는 일은 해방감을 안겨준다. 나는 학교에서 학생들이 점점 큰 책임을 떠맡다가 과부하되고 좀처럼 빠져나오지 못하는 모습을 보면서 '거절하기'의 힘을 생각한다. 때로 우리는 남을 실망시키고 책임을 방기하더라도 자신을 우선시해야 한다. 늘 바쁘게 살기를 요구하는 사회, 과부하된 삶을 승리의 표시처럼 자랑하는 사회에서 거절하는 것은 멋진 일이 될 수 있다.

3부에 나오는 이들은 자신이 할 수 있는 것 이상을 떠맡기를 거부한다. 나쁜 상사의 무심함을 속으로 끌어안는 일도, 10대 청소년의 말썽을 용인하는 일도, 의미 없는 직장 생활도 다 거절한다. 이런 일이 쉬웠다면 좋은 이야기가 되지 않았을 것이다. 그런 일은 모두 어려웠고, 그들 모두에게 중요한 전환

점이 되었다. 이 이야기들이 독자들에게도 필요할 때 거절할
수 있는 용기를 주기 바란다.

애나 홈스 _에디터, 작가

"나는 세상에 없던 것을 만들 기회가 생겼고, 그 일에 성공해야 한다고 느꼈다. 실패는 생각할 수 없었다. 처음으로 내 이름이 무언가의 꼭대기에 올라가게 되었기 때문이다. 〈제저벨〉을 만들 때는 사이트만 생각하고 내 인생은 전혀 돌보지 않았다. 지금 누군가 나에게 웹사이트를 만들자고 한다면, 나는 좀 더 균형을 추구할 것이다."

나와 긴 대화를 나누는 내내(우리의 대화는 고령의 고양이를 동물 병원에 데리고 가는 일 때문에 중단되기도 했다) 애나 홈스는 사려 깊고 예리하고 솔직했다. 그가 2007년에 "우리가 읽고 싶은 여성 잡지를 만들고 싶다"는 선언과 함께 세상에 선보인 여성 블로그 〈제저벨〉을 창립했다는 사실에 고개가 끄덕여졌다. 〈제저벨〉은 홈스뿐 아니라 모든 사람의 예상을 뛰어넘는 성공을 거두어서, 매달 100만 명 이상의 독자가 대중문화와 미디어에 대한 예리하고 재미있는 비평을 읽으려고 찾아왔다. 온라인 매거진 〈살롱〉은 "〈제저벨〉의 성공은 페미니즘, 정치학, 고급문화와 대중문화, 코미디, 하위문화의 효과적

공존이라는 불안한 가능성을 실현한 최고의 사례 중 하나"라고 말했다.

<제저벨> 이전에 홈스는 <엔터테인먼트 위클리> <글래머> <스타> <인스타일>에서 일했다. 2003년에는 첫 책 『여자가 한을 품으면: 연애가 끝난 후 여자들이 보낸 편지』를 출간했다. 2010년에 <제저벨>을 떠난 뒤에는 프리랜서 작가로 일하며, 『제저벨 북: 여자의 문제에 대한 일러스트 백과사전』을 기획 편집해 2013년 10월에 출간했다.

승진을 했느냐 못 했느냐, '인기 그룹'에 속하느냐 아니냐 이런 것이 우리의 가치를 일러주지는 않는다

대학 졸업 후 나는 대중연예 잡지에 보조 편집자로 취직했다. 대중문화에 대해 지적이고 분석적인 대화를 나눌 동료들을 만난 것이 기뻤고, 매주 마감을 하는 활기도 즐거웠다. 이때는 인터넷 보급 이전 시기였다. 내가 맡은 일은 편집장의 우편물을 확인하고 전화를 받는 것이었지만, 나도 글을 쓰고 기사 아이디어를 낼 수 있었다. 매주 열두 명의 '보조 편집자'들이 편집장과 함께 앉아서 아이디어 회의를 했고, 그런 협력적인 업무 환경은 처음에는 아주 재미있었다. 하지만 곧 고등학교 같은 느낌이 들기 시작했다. 보조 편집자들은 서로 경쟁하듯 행동했고, 그중 편집장이 아끼는 세 명이 '인기 그룹'으로 떠올랐다. 그들은 다른 사람들의 아이디어를 박살내거나 조롱하기 일쑤였다. 늘 열정이 넘치고 아이디어가 샘솟던 나는 그들 같은 '쿨함'이 없는 사람으로 낙인찍혔다.

한번은 회의 중에 내가 쿠엔틴 타란티노의 〈펄프 픽션〉 같은 영화 시나리오가 책으로 출간되어 팔리는 트렌드를 살펴보면 어떻겠느냐고 했다. 편집장은 좋은 아이디어라고 했다. 그가 내 아이디어를 받아들여 특집 기사를 써보라고 한 것은 그때가 처음이었다. 이전까지는 아주 짧은 글만 썼다. 내 이름을 단 장문의 기사를 쓴다는 것은 나에게 큰 의미였다. 나는 초고를 썼고 물론 수정이 필요할 거라고 생각했다. 그런데 편집장은 글을 읽더니 이렇게만 말했다. "아니, 이건 안 되겠어." 그는 안 되는 이유도 고칠 방법도 말해주지 않았다. 나는 좋은 소재라고 보았고, 초고가 완벽하지 않은 건 당연하다고 생각했다. 하지만 그는 내게 아무 조언도 해주고 싶지 않은 것 같았다. 내 에너지와 열정이 피곤하다는 기색이었다. 원하던 반응을 받지 못하자 나는 상처와 실망 속에 생각했다. "나한테 문제가 있을 거야. 아마 나는 내 생각만큼 똑똑하지 않은가 봐."

그 시절 나는 스물한 살이었고 편집장은 서른 살이었다. 지금 생각하면 서른 살도 아주 젊은 나이고, 그가 내게 조언을 해줄 방법을 몰랐을지도 모른다. 당시 편집장도 나름의 내부 정치와 씨름하고 있었다. 잡지사 경영진이 모두 남자였기에 그도 그들과 비슷해져야 한다는 압박을 느꼈을 수도 있고, 그래서 젊은 여자들을 가르치는 일에 별 의미를 못 느꼈는지도 모른다. 하지만 그 시절에 나는 그런 것을 몰랐다. 그저 "일을 열심히 하면 승진할 줄 알았는데, 이제 보니 그럴 가능성이 없구나" 하고 생각했을 뿐이다. 몇 달 동안 입을 다물고 지냈다. 어떻게 해야 할지 알 수가 없었다. 거기서 지낸 2년 반은 거의 연애 같았다. 나는 잡지에 온 마음을 쏟아서 다른 일을 한다는 것을 상상하지 못했다. 하지만 결국 내 노력이 인정을 받지 못했다는 사실을 수긍하고 잡지사를 떠나 HBO 방송사로 갔다.

그 시절의 나를 만난다면 이렇게 말해주고 싶다. "괜찮아. 상사들이 다 그렇지는 않아. 편집장의 행동은 네 재능이나 잠재력과는 아무 상관 없어." 하지만 상황의 한복판에 있으면 그런 걸 보기 어렵고, 특히 일에 너무 열정을 쏟아서 일이 인생의 거의 모든 것이 되면 더욱 그렇다.

경제적으로 여유가 된다면 모험을 하라

나는 2006년부터 〈인스타일〉에서 일했고, 그곳은 꽤 만족스러웠다. 패션이나 유명인들 옷차림에는 관심 없었지만, 그 잡지는 (몇몇 여성 잡지들과 달리) 여자들에게 인생 사는 법을 가르치는 잡지가 아니었기에 별로 거슬리지 않았다. 그곳은 전문적 직장이었고, 나는 이전 직장들에서보다 더 성숙한 인간, 존경받는 동료가 된 것 같았다.

그러던 어느 날 블로거 친구 한 명이 나에게 연락해서 거커 미디어에서 '걸리 거커'라는 가제의 프로젝트를 맡았다고, 함께할 생각이 있느냐고 물었다. 나는 아니라고 해놓고 두 시간 동안 친구와 함께 그 프로젝트의 전망에 대해 이야기를 나누었다. 그때 나는 다행히도 그런 상황의 의미를 인식할 수 있었다. '내가 말로는 싫다고 해놓고 두 시간 동안 그 이야기를 했다는 건 어쩌면 관심이 있다는 뜻인지도 몰라. 조금 더 생각해볼 필요가 있지 않을까.'

그 무렵 〈인스타일〉은 내게 자사 웹사이트 운영 업무를 맡기려고 했다. 갑자기 나에게 두 가지 가능성이 생겼다. 하나는 복지가 좋은 안정된 회사의 자리였고, 또 하나는 신생 미디어 회사인 거커였다. 얼른 결론이 안 나 장단점을 따져보았다. 나는 경력 초기에 경제적 제약 때문에 모험적인 일을 하지 못했다. 사람들에게 "두려운 일을 하라"고 말하기는 쉽지만, 경제적 압박이 있으면 그런 길을 가기 어렵다. 학자금 융자로 7만 달러의 빚을 졌고 그걸 제대로 갚지 못하면 신용 불량자가 된다는 생각은 큰 부담이 된다. 거커는 경제적 이유만으로도 모험이었다. 거기다 내가 교류하는 사람들 중 누구도 인쇄 매체를 떠나 웹사이트로 가지 않았다. 온라인은 여전히 종이 매체보다 급수가 낮다고 여겨졌다. 하지만 내 커리어를 생각하면, 평생을 레드카펫 사진에 캡션을 달고 관심도 별로 없는 일들을 기사로 쓰며 보내고 싶지는 않았다. 경력에 관한 한 실패에 대한 두려움보다 그런 관성에 대한 저항이 더 컸다.

나는 결국 거커로 가기로 했는데, 2주일 후 친구는 뉴욕 생활이 지겨워져 런던으로 돌아가고 싶다고 했다. 그 사이트 일도 포기하겠다고.

그러자 거커 사람들은 나 혼자 해보라고 했다. 갑자기 사이트의 최고 책임자가 되었다. 그 일이 성공하건 실패하건 온전히 내 책임이었다. 나는 혼자서 그 일을 하기로 했지만, 용기 있는 선택을 했다는 생각보다 그저 두렵기만 했다.

나는 서너 달 동안 사이트의 방향을 정하고 필자들을 만났다. 디자인과 사이트 이름을 결정했다. 직원을 두 사람 뽑고, 사이트 운영 속도와 어조를 어떻게 해야 할지 감을 잡기 위해 테스트 블로깅을 시작했다. 사이트 공식 오픈 전의 그 시간이 좋았다. 사람들과 함께 상상하고 계획하는 일로 봉급을 받는 것 같았다. 물론 스트레스도 있었지만, 아직 뉴스 사이클에 구애받지도 않았다. 사색과 상상력을 즐겼고, 계속 글을 올려야 한다는 압박도 없었다.

2007년 5월에 마침내 〈제저벨〉이 세상에 나왔다. 두렵고도 짜릿한 순간이었지만, 그 뒤로 한 달도 안 되어 긍정적 지표가 이어졌다. 독자가 늘고 언론도 주목했다. 나는 이 일을 하면서 처음으로 자율권을 누렸다. 아이디어가 있으면 경영진에게 올리지 않고 바로 실행했다. 첫 직장에서 인정받지 못한 모든 에너지를 쏟을 발산처가 드디어 생긴 것이다. 에너지와 열정에 직접적인 피드백과 결과가 왔다. 내가 성실하게 일하고 창조적인 아이디어를 내면… 독자들이 좋아했다. 사이트의 트래픽은 계속 늘어났다.

〈제저벨〉이 폭넓은 공감을 일으킨 이유 하나는 우리가 대중문화뿐 아니라 여러 가지 사안에 진정한 분노를 표현했기 때문이다. 우리는 반여성적 정책들과 임신중단권에 대해 글을 썼다. '여성 미디어'의 식상함에 대해서도 썼다. 〈제저벨〉은 내가 여러 해 동안 여성 잡지사들에서 만들던 콘텐츠에 대한 좌절감 없이는 나오지 않았을 것이다.

오랫동안 표면 아래 좌절감이 끓고 있었다. 한 편집자는 나에게 "당신의 비밀스러운 성적 판타지 속 인물은?"이라는 특집 기사를 쓰라고 했다. 그는 그것이 표지에 실리면 눈길을 끌 거라고 했고, 나는 '꿈 전문가'들과 심리학자들을 소환해서 내용을 가공해야 했다. 그런 기사를 쓰는 이유는 판매에 도움이 될 거라는 편집장의 판단 이외에는 아무것도 없었다. 그 잡지는 또 "올림픽과 섹스" 특집을 기획했고—2000년 시드니 올림픽 때였다—나는 스포츠를 연상시키는 섹스 동작을 지어내야 했다. 영혼을 파괴하는 기사를 매달 써왔던 것이다. 그에 대해 비판한다면 바로 해고되었을 것이다. 하지만 〈제저벨〉은 비판이 기사였다. 그 독특한 위치가 나는 아주 즐거웠다.

어느새 사이트에는 수십만 명이 방문했다. CNN 뉴스에 〈제저벨〉 독자 댓글이 참고 자료로 나왔을 때는 "뭐? CNN 사람들이 우리 사이트를 본다고?" 하고 놀랐다. 나는 미디어 속 여성의 모습에 대한 사회적 대화를 촉진하고 싶었고, 실제로 그런 일을 약간 하고 있다는 게 분명해지자 큰 책임감을 느꼈다.

〈제저벨〉에서 4년 동안 일했고, 내가 열심히 일하는 만큼 사이트의 인기가 높아지고 독자와 스태프의 즐거움이 커지는 걸 보았다. 〈제저벨〉은 그동안 했던 어떤 일보다 노력에 비례하는 성과를 보여주었고, 그래서 매력적이었다. 나는 생각했다. "내가 110퍼센트 일하면 좋은 결과가 나와. 더 열심히 일하면 훨씬 더 좋은 결과가 나올 거야." 하지만 이런 성공에는 개인적인 반대급부가 있었다. 내 삶에는 휴식이 없었다.

자기 자신을 돌보아라

〈제저벨〉은 내가 기대한 이상의 인기를 끌었다. 나는 마침내 여섯 명의 직원뿐 아니라 수백만 독자의 기대와 비난도 관리하게 되었다. 독자들 중 일부는 아주 목소리가 크고, 요구가 많고, 끊임없이 비난을 했다.

"왜 이것에 대한 글은 없나요?"

"그런 글은 이제 지겨워요."

"이 주제에 어떻게 그런 의견을 낼 수 있나요?"

좋은 점은 접어두고 나쁜 점만 말하는 독자는 소수지만, 그들을 상대하는 일은 굉장히 피곤했다. 응원만 받고자 한 것은 아니지만, 우리는 댓글을 관리하고 가능하면 응답해야 했기 때문에 이 일은 또 한 가지 직무가 되어 나를 지치게 했다.

스트레스는 갈수록 커졌다. 우리는 열두 시간 동안 10분 간격으로 글을 올렸는데, 나는 포스팅 시작 두 시간 반 전에 일을 시작했고, 밤에도 늦게까지 다음 날을 준비했다. 월간지에서 일할 때는 하루에 열두 시간 책상에 앉아 있어도 일어나 점심도 먹으러 가고 동료 편집자와 수다도 떨고 전화도 받는

등 보통 직장인들과 같은 일을 한다. 하지만 〈제저벨〉의 업무
는 나를 완전히 소진시켰다.

그곳을 떠난 뒤에도 1년 넘게 지나서야 그런 삶의 방식
을 떨칠 수 있었다. 나는 컴퓨터 앞에서 일어나지 못했고, 돈
도 받지 못하면서 〈제저벨〉의 방식을 반복하고 있었다. 그러
다 친구들을 만나고, 밖에 나가서 점심을 먹고, 운동을 하면
서 건강을 돌보기 시작했다. 나는 무언가 놓칠까 두려워서 뉴
스와 화제에 중독되어 있었지만, 그게 정말 중요하다면 나도
곧 알게 될 거라는 걸 깨달았다. 그렇게 1년이 지난 뒤에야 나
는 인터넷에서 벌어지는 일보다 나에게 좀 더 집중할 수 있게
되었다.

〈제저벨〉은 보람된 일터였지만, 그런 인생으로 돌아가고
싶지는 않다. 다음에 무슨 일을 하게 되건 나는 책임감과 함께
얼마간의 자유도 갖고 싶다. 그것은 정말 중요한 메시지라고
생각한다.

애나 홈스의 조언

✚ 학자금을 갚아야 하고 돌보아야 할 사람이 있다면, 자신이 원하는 일을 하기는 쉽지 않다. 하지만 기회가 생기면 도전을 시도해보라. 남들이 기대하는 일보다 두려움을 안겨주는 일을 선택해보라.

✚ 다른 사람의 평가에 휘둘리지 않기 바란다. 직장에서 인정받지 못한다고 느끼면 그저 불쾌함을 느끼는 데서 그치고, 그걸 자신의 무가치함의 증거로 보지 않는다.

✚ 여자들은 개인 생활뿐 아니라 직업 생활에서도 좀 더 적극적으로 거절을 해서 자기 자신과 자신의 필요를 우선시할 줄 알아야 한다.

루마 머플레 _인권 운동가

"어떤 문서에 직업을 써야 할 때면 나는 항상 '코치'라고 쓴다. 'CEO'라거나 '경영자'라고는 쓰지 않는다. '코치'가 대단한 일이 아니라고 하는 사람들도 있다. '스미스대학교를 나와서 코치를 한다고?' 하는 식이다. 하지만 나는 코치다. 또 한 가지, 내가 이 자리에 온 것은 나 자신에게 충실했기 때문이지만, 처음부터 잘할 수는 없다는 걸 알았기 때문이기도 하다. 이런 것을 스물두 살 때는 몰랐다."

루마 머플레와 그의 일에 대해 이야기를 나누다 보면, 그가 자신의 일에 얼마나 열정이 크고 자신에 대해서는 얼마나 겸허한지 느낄 수 있다. 머플레는 전쟁 난민 아동을 돕는 비영리 기구 '퓨지스 패밀리'의 CEO다. 조지아주 클라크스턴에서 시작한 퓨지스는 처음에는 난민 소년들의 축구 클럽 활동을 도와주는 작은 단체였다. 하지만 아프가니스탄, 보스니아, 콩고, 이라크, 라이베리아, 소말리아, 수단 등에서 온 소년들과 시간을 보내는 동안, 그는 아이들이 고국에서 목격한 참상의 정신적 후유증 때문에 영어를 배우는 일이 어렵다는 걸 알게 되었다. 그래서 아이들의 부모를 만나 통역 봉사를 하다가 '프레시 스타트 포 아메리카'라는 회사를 만들었다. 이 조직은 난민 여성들의 주택 청소 조합이다. 오늘날 퓨지스 패밀리는 미국 최초의 학력 인정 난민 학교(퓨지스 아카데미), 방과 후 교육 프로그램, 여름방학 학습 캠프 및 남녀 선수 여든일곱 명이 참여하는 축구팀을 운영하고 있다.

내가 머플레를 인터뷰한 것은 그가 메사추세츠주 노샘프턴에 왔을 때였다. 그는 노샘프턴의 한 사립학교에 강연을 왔다가 스미스대학교에 들러 피자를 먹으며 가벼운 간담회를 했다. 퓨지스 패밀리에서 그의 업무는 조직 운영에 국한되지 않았다. 그는 난민 아동 및 그 가족들과 인간적인 유대도 맺고 있었다. 지난번에 휴가를 떠날 때는 아이들에게 휴가 때 자신에게 전화를 하면 한 번에 1달러씩 벌금을 매기겠다고 농담을 했다고 한다. 그러자 어떤 아이가 슬픈 얼굴로 말했다. "그러니까 안 돌아오신다는 거죠." 머플레는 학생들의 삶을 잘 알았기에 자신의 농담이 그 아이에게는 농담으로 들리지 않았다는 걸 깨달았다. 고국에서 가족 일부를 잃은 아이는 그가 떠나는 일도 두려워했다. 그래서 그는 항상 차고 다니던 시계를 풀어서 주며 자신이 돌아올 때까지 갖고 있으라고 했다. "그래도 아이는 그다음 주에 매일 전화했다. 나는 돌아간다고, 끝까지 함께한다고 아이를 안심시켜야 했다." 그가 우리에게 말했다.

자신의 경력이 어떻게 흘러갈지 알 수 없는
경우도 있다. 하지만 끈기 있게 기다려보라

나는 요르단의 부유한 가정에서 태어나 사립학교에 다녔고, 가난한 아이들과는 거의 어울리지 않았다. 해마다 생일 파티를 열어서 반 전체를 초대했는데, 어느 해에 장학금으로 학교에 다니는 친구 한 명이 못 오겠다고 했다. 나는 왜 그러냐고, 운전기사를 보내줄 테니 걱정 말라고 했다. 친구는 내 말을 믿지 않았고, 어쨌건 못 온다고 했다. 아마 자신이 학교 밖에서 어떻게 사는지 보여주고 싶지 않았던 것 같다. 이때 나는 처음으로 내 유복한 삶 바깥의 세계를 살짝 엿보았다.

고등학교 졸업 후 요르단을 떠나 미국의 스미스대학교에 갔다. 대학에서 만난 나의 절친은 사회적 배경이 나와 정반대였고, 어린 시절 트레일러에서 살기도 했다. 우리 식구는 나 같은 '요르단 공주'와 그 친구가 그토록 친하게 지내는 것을 의아해했지만, 우리 가족들은 둘 다 역기능 가정〔부모의 갈등, 부정, 자녀 방임이나 학대가 지속적이고 정기적으로 일어나는 가정 — 옮긴이〕이었고, 우리는 이상할 만큼 거의 모든 것에 견해가 비슷했다. 그는 내게 인생의 많은 것을 가르쳐주었고, 그것은 내가 요르단에 있었다면 전혀 배우지 못했을 것들이었다. 우리는 요르단에서라면 마주칠 일이 없는 인생이었기 때문이다.

나는 대학 시절을 즐겁게 보냈지만, 졸업을 하고 무슨 일을 해야 할지 몰랐다. 고향에 돌아가고 싶지는 않았지만 그게 전부였다. 다른 사람들은 전부 대학원이나 로스쿨에 가고 월스트리트에 취직했지만, 나는 다음에 어떤 일을 해야 할지 알아내는 데 시간이 좀 필요했다. 우리의 소망이란 상당 부분이 부모님과 또래의 기대가 만드는 것이고, 우리는 유치원에서 대학 때까지 자신이 무얼 원하는지 별로 생각해보지 않고 지나간다. 나는 생각할 시간이 필요했다.

그때 우리 집에 일어난 몇 가지 사건은 나를 깊은 절망에 빠뜨렸다. 미국에 남기로 했지만 서류가 도착하지 않기도 했다. 이후 고향과 기후가 비슷한 애틀랜타로 옮겨서 레스토랑에서 일했다. 그리고 "웨이트리스로 일한다"고 말하기 부끄러워서 친구들을 만나지 않았다.

나는 지역 YMCA에서 여자 축구팀 코치로 봉사 활동을 했다. 그 일은 즐거웠지만, 유소년 축구 클럽의 지나치게 경쟁적인 분위기는 힘들었다. 그 시절 나는 인근 도시 클라크스턴에 자주 갔다. 그곳의 중동 식품점에서 고향에서와 비슷한 식품들을 팔았기 때문이다. 어느 날 도로에서 신호를 놓치고 어느 아파트 단지 앞을 지나가다가 아이들이 축구하는 모습을 보았다. 아이들은 맨발이고, 축구공은 엉성하게 만든 것이었으며, 골대도 없었다. 어린 시절 요르단에서 본 광경이 떠올랐다. 그 장면은 내 머리를 떠나지 않았다. 다음 날 축구공을 가지고 다시 그곳에 갔다. 우리는 차츰 서로를 알게 되었다. 그들은 모두 아프리카, 아시아, 중동 출신의 전쟁 난민이었다. 아이들은 영어를 잘 못했지만 모두 축구를 좋아했다. 나는 아이들의 코치가 되었고, 우리는 팀 이름을 난민refugees에서 따와 '퓨지스'라고 붙였다.

퓨지스는 처음에는 한 팀이었지만 금세 두 팀이 되고 세 팀이 되었다. 아이들의 형제자매들도 와서 팀에 끼워달라고 했기 때문이다. 우리는 어떤 시즌에는 축구화가 있었지만, 어떤 시즌에는 축구화를 구하러 사방을 다녀야 했다. 어떤 날은 운동장에서 쫓겨났다. 나는 아이들에게 개인 교습도 했는데, 공부할 장소가 없어서 공원에서 내 차의 헤드라이트를 켜놓거나 그들의 아파트 복도에서 플래시를 켜고 했다.

나는 차츰 아이들의 교육 정도와 가정 상황을 알게 되었다. 그들의 부모는 대개 최저임금을 받았고, 월말이면 집에 먹을 것이 떨어졌다. 학교생활은 실패할 수밖에 없었다. 그때까지 아무런 정식 교육을 받지 않았는데도 '나이에 따라' 학년이 정해졌기 때문이다. 아이들은 덧셈도 못 하는데 수학을 공부해야 했고, 글도 읽을 줄 모르는데 셰익스피어를 공부해야 했다. 아이들은 짐이 되기 싫어서 학교에 왔다 갔다 하기만 했고, 나는 오랫동안 이런 일을 보면서도 아무 일도 하지 않았다. 하지만 아이들과 많은 시간을 보내다 보니, 이제 아이들과 그 가족의 일이 내 일이 되었다. 나는 아무 계획도 없었지만, 이제 아이들이 엉터리 축구장과 중고 축구화에서 벗어나게 해야겠다고 생각했다. 학교 제도의 무책임함과 지원 부재가 너무 심각했다.

나는 몇몇 선수의 부모님을 만나서 내 생각을 전했다. 기금을 모아 아이들에게 개인 지도를 해줄 선생님을 모시자고, 그래서 아이들이 학교 공부를 따라가고 무언가를 배우게 해주자고. 여섯 학생의 부모가 그 일에 찬성해서 2007년 가을에 퓨지스 아카데미가 태어났다. 학교는 해마다 성장해서 지금은 미국 최초의 학력 인정 난민 학교가 되었다. 학교는 교회 건물 2개 층을 빌려서 현재 여든일곱 명을 대상으로 남녀 중고등부를 운영한다. 기금 모금은 내 업무에서 아주 중요한 부분이지만, 나는 교장, 교사, 감독의 역할도 한다. 우리는 초등 6학년부터 고등 1학년까지의 과정을 진행하고, 2016년에 첫 졸업생을 배출하게 되었다.

우리 학교 학생들은 모두 축구를 하고, 나는 아이들에게 공부를 할 때도 운동을 할 때도 전심전력을 기울여야 한다고 가르친다. 나는 새 학년을 시작할 때마다 그들에게 말한다. "우리는 여러분을 소중히 여깁니다. 여러분에게 많은 것을 요구하고 많은 것을 줄 것입니다. 여러분 모두가 성장하고 성공

할 수 있습니다. 하지만 여러분이 노력하지 않으면 그런 일은 일어나지 않습니다. 그래서 우리 학교는 기준이 높고, 나태함을 허용하지 않습니다. 여러분의 가능성을 믿기 때문입니다."

이 말은 실제로 아이들에게 영향력을 미치는 것 같다. 학교가 자신들을 소중히 여긴다는 말은 학교에서 거의 듣지 못하는 말일 것이다.

학교의 청사진을 세운 것은 나지만, 그 일의 실현을 위해서는 나보다 체계적이고 외향적인 사람들이 필요했다. 나와 전혀 다른 스타일의 동료들과 함께 일하면서 나를 더 발전시켰다. 내가 사랑하는 일, 그리고 내 진정한 강점은 코칭, 그리고 아이들 곁에 있는 일이다. 이사회가 나에게 외부 모금 활동을 권하면, 나는 아이들과 운동장에서 많은 시간을 함께하고 그들의 집에 가서 식사를 같이 하지 않으면 밖에 나가서 우리의 사명과 일을 설명하기 어렵다고 말하곤 한다. 또 아이들에게는 우리 학교가 받는 어떤 상이나 주목보다 그들이 더 중요하다는 것을 알려주어야 한다.

나는 교사들에게 거듭 묻는다. 어떻게 하면 모두가 스스로의 능력을 깨닫는 환경을 만들 수 있을까? 위기를 겪는 아이에게는 어떤 대응이 필요할까? 일대일 지도? 추가 프로그램? 우리는 모든 학생의 가정생활, 학교생활, 운동 생활을 상세히 의논한다. 그리고 묻는다. 어떻게 해야 모든 아이에게 자신감을 안겨줄 수 있을까? 아이들이 한 분야에서 자신감을 얻으면, 다른 모든 영역이 영향을 받는다. 그래도 여전히 실패 사례들이 있다. 조직 내부의 실패 사례도 회복하기 어렵지만, 아이들의 실패 사례는 더 힘들다.

아이의 이야기에 관심이 간다면 언제 관심이 가는지, 그것이 나에게 어떻게 영향을 미치는지 잘 살핀다

내 경력에서 두드러진 실수 한 가지는 듀크라는 학생과 관련된 일이었다. 듀크는 내가 코치하면서 만난 아이들 중 축구 재능이 가장 뛰어났다. 그런데도 재능을 뽐내지 않고 겸손했으며, 다른 아이들을 챙겼다. 많은 경기에서 직접 서너 골을 넣을 기회를 포기하고 다른 아이들이 골을 넣게 만들어주었다. 그는 팀플레이어였고, 코치로서 나는 늘 그것이 감사했다.

듀크는 열다섯 살이었고, 라이베리아 전쟁에서 부모를 잃은 뒤 스물두 살인 형과 함께 클라크스턴에 왔다. 나 역시 어떻게 보면 부모님을 잃었다고 할 처지라서—그분들은 지구 반대편에 있고 우리는 대화가 거의 없었다—나는 그 아이가 유난히 마음 쓰였고, 그에게 다른 아이들과는 다른 기준을 적용했다.

듀크는 학업이 크게 부진했다. 그는 문맹 상태로 미국에 왔고, 나는 그 상태를 바꾸어주려고 특별히 마음을 먹었다. 그래서 아이의 집에 가서 질질 끌어내다시피 해서 학교에 데리고 갔다. 그리고 매일 밤 보충 학습을 받으러 오라고 했다. 하지만 그는 팀원들 앞에서 보충 학습을 받고 싶어하지 않았다. "아이들이 네 약점을 본다면, 실제로 아이들에게도 도움이 될 거야." 내가 말해도 그는 계속 거절했고, 나는 다시 제안했다. "그러면 내가 따로 개인 교습을 해줄게. 아니면 다른 선생님하고 도서관에서 할 수도 있어." 그래도 그는 오지 않았다.

집에서는 아무도 듀크를 돌보지 않았다. 삼형제는 함께 살았지만 각자 알아서 지냈다. 나는 그 사실을 알고 놀랐다. 그래서 아이가 배고프다고 하면 먹을 것을 사주거나 맥도널드에 데려갔다. 운동장에서는 듀크만 예외적으로 대했다. 지각해도 연습에 참여시켰다. 다른 아이들은 지각하면 내내 운동장만 돌아야 했다. 다른 아이들은 연습하지 않으면 경기에 못 나갔는데 듀크는 나갔다. 나는 그 아이를 특별히 불쌍한 아이로 대했다. 아마 취약 아동, 소외 아동을 돕는 많은 사람이 그럴 것이다. 우리는 그들에게 예외를 허락하는데 그런 일은 좋은 결과를 낳지 못한다.

어느 날 나는 모든 과목 성적이 저조한 우리 팀의 다른 아이와 상담을 했다. 내가 성적을 올리지 않으면 경기에 출전

시키지 않겠다고 몰아세우자 아이가 말했다. "제가 듀크가 아니라서요? 전 듀크가 될 수는 없어요."

나는 말문이 막혔다. 아이는 내가 자신과 듀크를 차별한다고 생각했고, 나는 따귀를 맞은 것 같았다. 내가 아이들을 차별하고 있었다니. 듀크에 대한 특별 대접 때문에 우리 팀 전체가 약해지고 있었다. 나는 이제 태도를 바꾸어서 듀크에게도 다른 아이들과 똑같은 기준을 적용해야 했다.

그 무렵 듀크는 이미 학교도 자주 빠졌고, 절반 이상의 과목이 낙제 성적이었다. 그는 글을 읽지 못했지만, 개인적 매력과 축구 실력으로 버티고 있었다. 마침내 나는 듀크를 엄격하게 대했지만, 그는 여전히 대충 넘어갈 수 있다고 생각했다. 그렇게 1년이 지났고, 나는 결국 그를 내보낼 수밖에 없었다. 듀크가 떠나자 아이들은 내가 진심이라는 것, 학교에 다녀야 한다는 것, 연습과 경기 시간에 늦으면 안 된다는 걸 알게 됐다. 그래서 팀도 축구 프로그램도 훨씬 단단해졌다.

그렇지만 그 일을 생각하면 아직도 슬프다. 듀크는 축구 프로그램에서 탈락하고 6개월 뒤에 학교를 떠났고, 어린 나이에 세 아이의 아버지가 되었다. 나는 아이들을 보면 누구나 그러듯이 그 아이 안에서 좋은 점을 보았고 그걸 끌어내고 싶었다. 아직도 마음 한구석에서는 내가 아이를 변화시킬 수 있지 않았을까 생각한다. 내가 규칙을 흔들지 않았다면, 어쩌면 그는 마음을 다잡고 공부를 했을지도 모르고, 그래서 어쩌면 성적도 좋아지고 자기 존중감도 키웠을지 모른다고. 하지만 또 한편으로는 그의 인생 길을 변화시킬 수 있는 것은 그 자신뿐이었다는 것도 안다.

그 뒤로도 재능 있는 선수들이 들어왔지만, 그들에게 듀크와 같은 대접은 없었다. 어떤 핑계도 통하지 않았다. 지금 나는 선수를 내보내는 결정을 더 빨리 한다. 아이들은 잘못하면 경고를 받고, 경고가 세 번 누적되면 아웃이다. 하지만 듀크의 일이 지나간 뒤 실제로 내가 주는 경고는 전보다 적어졌다. 아이들이 '선생님이 듀크를 탈락시켰으니 여기 특혜받는 사람은 없다'고 생각하기 때문이다. 이곳 아이들은 모두 듀크의 이야기를 안다. 내가 처음부터 말해주기 때문이다. "전에 우리 팀에 아주 재능 있는 선수가 있었어. 나는 그 재능이 아까워서 그 아이가 규칙을 어겨도 봐주었는데 결국 실패했어. 실수를 한 건 그 아이가 아니라 나였지." 그리고 덧붙인다. "나는 다시는 그런 실수를 하지 않을 거야. 그러니까 사정해도 소용없어."

얼마 후 팀에 아주 뛰어난 선수가 들어왔다. 그 아이 역시 학업이 부진했고, 나는 아이를 바로 우리 학교에 보냈다. 어느 날 그 아이가 다른 아이 세 명과 함께 연습에 지각하자, 나는 네 명 모두 달리기만 시켰다. 그 뒤로 4년 동안 그 아이들은 두 번 다시 지각하지 않았다. 그렇게 한계를 설정하는 일은 아주 어려운 일일 수 있지만 그렇게 해야 한다. 그래야 아이들이 우리가 기준을 지킨다는 걸 알 수 있기 때문이다.

초심을 잃지 않는다

퓨지스 아카데미는 최근에 모금도 잘 되고 놀라운 속도로 성장했지만, 여전히 실패 사례는 있다. 언젠가는 거액 기부 예정자가 만남을 취소하고, 〈오프라 쇼〉 출연이 확정될 뻔하다가 불발하는 일이 일주일도 안 되는 사이에 벌어졌다. 그런 일은 롤러코스터 같았고, 나는 뉴욕에서 차를 몰고 돌아오다가 울음을 터뜨렸다. "그 돈을 구하지 못하면 아이들을 어떻게 하지?" 하는 책임감 때문이었다. 그리고 그 감정은 개인적이기도 하다. 나는 아이들 한 명 한 명을 다 알기 때문이다. 아이들은 숫자가 아니다. 나는 1번에서부터 58번까지의 학생을 위해 돈을 모금하지 않는다. 내가 모금하는 것은 오비, 밥, 타코시, 야카, 파투를 위해서다. 사람들에게서 "올해는 안 되겠네요. 우리 아이들이 다니는 사립학교에 기부를 하기로 했거든요" 같은 말을 들으면 나는 "그 사립학교에 기부하지 마세요. 그 학교는 재산이 1억 2000만 달러나 돼요. 우리에게 돈을 주셔야 돼요" 같은 말을 목구멍 안으로 꾹 삼켜야 한다.

나는 "안 된다"는 말을 수도 없이 듣는다. "이 일에는 재정 지원을 할 수 없다" 또는 "그건 불가능하다" 또는 "왜 이런 일을 하느냐? 지속 가능성이 없다" 같은 말들이다. 어떤 날은 마케팅 분야나 내가 걱정할 필요가 없는 일, 스트레스가 덜한 직장에서 일하는 편이 훨씬 쉬울 거라는 생각도 든다. 하지만 그럴 때마다 아이들을 생각한다. 처음 오는 아이들은 많은 수가 프로 축구선수, 의사, 변호사가 되고 싶다고 하지만 교사가 되고 싶다고 하는 아이들도 있다. 그런 아이들 중 한 명에게 학교를 넘겨주면 내 일은 끝날 것이다.

내가 지금의 '내 일'을 찾는 데는 오랜 시간—그것도 불안한 시간—이 걸렸고 끈기도 필요했다. 그래서 나는 젊은이들에게 자신의 흥미—내 경우에는 축구—가 열어줄 수 있는 길을 다양하게 상상해보고, 사회에 공헌할 방법도 폭넓게 생각해보라고 권하고 싶다.

루마 머플레의 조언

✦ 비영리기구에서의 활동이 소진에 이르는 시간은 5년이다. 그러므로 자신을 위한 시간을 만들고 그 시간을 보호해야 한다. 나는 매일 20분 이상 명상을 하고 주말에는 멀리 자전거를 타고 달린다.

✦ 나는 대학을 마친 뒤 특별한 길을 추구하지 않았지만 내 친구들은 추구하는 바가 있었다. 그들은 월 스트리트에서 일하거나 박사 학위를 받거나 결혼하거나 아이를 낳았다. 이제 30대 후반에 이르고 보니 많은 수가 경력 위기를 겪고 있다. 그런 일을 하지 않은 나는 나의 현재 상태에 만족한다. 나는 젊은 시절에 헤맸다. 사람은 모두 헤매는 시기가 있다는 걸 이해해야 한다.

✦ 동창회보나 신문에서 박사가 되거나 맥아서 펠로나 로즈 장학생이 된 친구의 소식을 보면, 그들을 축하하며 술을 한잔씩 하고 유머 감각을 유지하라. 인생에 중요한 것은 자신이 좋아하는 일을 하는 것이다.

✦ 비판을 수용하고 자기 발전을 위해 사용할 줄 알아야 한다. 스포츠 코치는 그런 태도를 취한다. 그들은 "너는 이렇게 해야 한다"고 직접적으로 말한다.

루스 라이셜 _음식 평론가, 작가

"인생에는 시간과 돈의 불균형이 늘 존재한다."

베스트셀러면서 평론가들에게도 호평받은 루스 라이셜의 책들은 아주 독특하다. 책에는 그의 인생과 음식 평론가 일에 대한 재미있고 감동적인 이야기가 가득하지만, 책들 자체로도 아주 감각적인 경험이다. 책에는 그가 한 식사들의 성찬 같은 이야기와 그가 개발한 레시피들이 있는데, 일부 레시피는 나도 애용하게 되었다. (이를테면 늙은 호박의 위쪽을 자르고 속을 파낸 뒤 안에 빵, 스위스 그뤼에르 치즈, 화이트 와인, 크림을 넣고 윗부분을 도로 덮어서 오븐에 굽는다. 이 기막히게 맛있는 조합의 이름은 '스위스 호박'이다.)

루스 라이셜은 겨우 스물두 살 나이에 첫 요리책 『으음:

성찬의 기록』을 출간했다. 그런 뒤 <뉴웨스트>에서 음식 칼럼니스트 겸 편집자로 일하다가 이후 <로스앤젤레스 타임스>로 옮겼다. 라이셜이 음식 평론가가 된 경위는 잠시 후에 나온다. 그는 1993년에 <뉴욕 타임스>로 갔다가 이어 <구르메>에서 10년간 편집장으로 일했다. 현재 폭스 2000사가 그의 베스트셀러 『마늘과 사파이어』를 영화화 준비 중이고, 그는 이 영화의 프로듀서다. 이 책은 그가 뉴욕시에서 레스토랑들을 리뷰하던 시절의 이야기다. (그는 직원들과 셰프들이 알아보지 못하도록 자주 변장을 했다!) 그의 첫 소설 『맛있어!』는 2014년 출간되었다.

라이셜은 여섯 차례나 제임스 비어드 상[요리 관련 전문가들에게 주는 상—옮긴이]을 비롯해서 미국음식저널리스트협회에서 수상하는 많은 상을 받았다. 한편 그는 미시간대학교에서 미술사 석사 학위를 받았다.

편안한 곳에 안주하고 싶은 유혹은 강하다

내가 1970년대에 첫 남편과 함께 샌프란시스코에 왔을 때, 우리는 둘이 번갈아 정말로 좋아하는 일을 하기 위해 공동주택에 살며 돈을 아꼈다. 남편 더그가 먼저 여섯 달 동안 목공 일을 해서 생활비를 벌었고, 나는 글을 썼다. 그런 뒤 그가 미술 활동에 집중하고 내가 일할 차례가 되자, 일자리를 찾아 임시직 안내소에 갔다. 나는 북디자이너로 일한 경력이 있었다. 그 일을 좋아하지도 않았고 잘하지도 못했지만 그 경력 덕분에 웰스파고 은행에 사보 디자이너로 취직할 수 있었다.

이때는 컴퓨터 보급 이전 시절이었고, 나는 텍스트를 풀로 보드에 붙인 뒤 필름으로 찍어야 했다. 그러려면 침착하고 정밀한 손놀림과 눈과 손의 협응이 필수였지만, 나는 그런 능력이 떨어졌다. 줄 맞추기도 너무 못해서 보드를 몰래 집에 가져와 밤에 남편에게 시키곤 했다. 하지만 나머지 부분은 쉬웠고 급여도 좋았다. 나는 20대 초반이었고 "직업이 뭐예요?"라는 질문에 대답할 말이 있는 게 좋았다. 무슨 일을 하며 살고 싶은지는 잘 몰랐고(작가가 되고 싶다는 막연한 느낌뿐이었다), 회사에 있으면 모든 문제가 해결되는 것 같았다. 나는 그 흐름에 휩싸여서 내가 그 일을 전혀 좋아하지 않는다는 것도 잘 몰랐다.

실제로 내 직장 사람들은 나와 전혀 맞지 않았다. 나는 직장 동료와 어울리는 일에 대한 환상이 있었다. 동료들과 함께 나가서 점심을 먹고, 또 사교성을 발휘하면 그들과 '친구'도 된다. 하지만 그들과 떨어져 있을 때면 "이 사람들은 함께 시간을 보내고 싶은 사람들이 아니야"라는 생각이 들었다. 그들은 기질도 생활 방식도 나와 전혀 달랐다. 당시 나는 버클리의 공동주택에 살면서 매일 아침 버스를 타고 샌프란시스코에 갔다가 밤이면 가정생활과 직장 생활의 균열을 느끼며 돌아왔다. 우리 생활은 아주 느슨했다. 나는 8시까지 출근해야 했기 때문에 6시에는 집을 나가야 버스를 탈 수 있었다. 내가 5시 반에 일어나 보면 하우스메이트들은 그때까지도 술을 마시면서 이야기를 하고 있었다. 나는 출근을 하는데 그들은—"으! 또 하루가 밝았어!" 하며—깊이 있고 흥미로운 대화를 나누었다. 또 통근 시간이 길다 보니 매일 늦게 들어갔는데, 정장 차림으로 분노에 휩싸여 집에 가보면 모두 즐거운 시간을 보내고 있었다.

석 달간의 임시직 생활이 끝나자 웰스파고 은행은 나에게 내가 볼 때는 아주 높은 급여로 정규직 자리를 제안했고, 나는 망설이지 않고 수락했다. 그리고 퇴근해서 남편에게 기쁜 목소리로 말했다. "나 취직했어! 우리 이제 돈 많이 벌 거야!" 그러자 그가 나에게 말했다. "왜 그래? 그 일 싫어하잖아? 출근할 때마다 그렇게 죽을상이 되면서! 그러지 마. 가서 그만둔다고 해. 그 일을 하면 안 돼."

정신이 번쩍 들었다. 그 말이 맞았다. 나는 싫어하는 일을 하겠다고 한 것이다. 하지만 안정적 삶과 번듯한 직장의 유혹은 컸고, 내 착한 남편이 옆에서 "이건 네가 원하는 게 아니야. 그만둬야 해" 하고 말해주지 않았다면, 나는 그 유혹에 넘어갔을 것이다.

나는 다음 날 회사에 가서 바로 퇴사했다. "정규직 제안을 사양하고, 근무도 오늘로 끝내고 싶습니다" 하고 말할 때, 나는 노래하는 기분이었다. 그곳을 떠나게 된 일이 몹시 기뻤다.

그때 나는 결심했다. "앞으로는 즐거운 일을 하고, 싫은 일은 하지 않겠어." 그리고 얼마 지나지 않아 버클리대학교 미술관 안의 '스왈로'라는 레스토랑에서 일했다. 그 식당은 공동으로 운영되는 식당으로, 처음 두 달은 '투자' 개념으로 무급으로 일해야 했다. 우리는 모든 음식을 직접 만들고, 모두가 식당 운영의 전 과정에 참여했다. 그런 일을 하려면 육체적, 정신적으로 많은 에너지를 써야 하고, 그래서 아주 피곤해진다. 하지만 동시에 "어떻게 하면 이 음식을 더 잘 만들 수 있을까?" "음식이 거의 다 떨어졌네. 얼른 더 만들어야 해. 지금 있는 재료로 어떻게 그걸 만들 수 있을까?" 하는 생각을 계속하게 된다. 나는 함께 일하는 동료들도 좋았고, 손님을 만나는 일도 좋았다. 식당의 모든 일이 재미있었다. 설거지 같은 단순작업도 즐거웠다. "설거지를 얼마나 빨리 할 수 있을까? 다른 팀보다 설거지를 더 빨리 할 수 있는지 보자!" 하는 식이었다. 근무 시간은 길고, 돈벌이는 별로였으며, 피곤에 찌들어서 집에 왔지만, 전에 하던 일보다 천배는 즐거웠다. 내가 좋아하는 일이었기 때문이다.

그리고 그것이 결국 나에게 레스토랑 평론가라는 경력을 안겨주었다. 스왈로에서 일할 때 지역 잡지에 자유 기고도 시작했는데, 그때 알게 된 〈뉴웨스트〉 편집자 한 명이 그 식당에 자주 와서 저녁을 먹었다. 어느 날 그가 나를 불러서 말했다. "루스 씨 글이 지금 우리 잡지 레스토랑 평론가의 글보다 훨씬 좋아요. 거기다 루스 씨는 직접 요리도 하잖아요. 레스토랑 리뷰 쓰는 거 생각해본 적 있나요?"

솔직히 나는 그런 게 정식 직업이 된다고 생각해본 적이 없었다. 제일 먼저 든 생각은 "그러면 공짜로 먹을 수 있겠네!"였다. 우리 부부는 몹시 가난했다. 나는 신용카드도 없었고 우리는 외식이란 걸 하지 못했다. 그래서 그 이유만으로도 그것은 좋은 기회 같아서 해보겠다고 했다. 그들은 시험적으로 나를 레스토랑 두 곳에 보내서 글을 써보게 한 뒤 기존 평론가를 해고했고, 그 뒤로 내 인생은 완전히 바뀌었다. 나는 6년 동안 〈뉴웨스트〉에 글을 썼고, 그 후 〈로스앤젤레스 타임스〉로 옮겼다. 내 인생이 이렇게 될 줄은 꿈에도 생각하지 못했다.

내가 사랑하는 일을 하면,
다른 사람에게도 영감을 줄 수 있다

나는 1984년부터 〈로스앤젤레스 타임스〉에 레스토랑 리뷰를 썼다. 한편으로 편집자들에게 계속 우리 신문의 음식 섹션이 형편없다고 말했다. 그렇게 3년 정도 지나자 편집국장이 말했다. "선생님 불평을 듣는 게 지겨워서 아예 그 섹션을 선생님께 맡기려고 합니다." 그때 그 신문의 음식 섹션은 미국 전체에서 가장 커서, 분량이 매주 60쪽에 이르렀다. 직원이 스무 명이고, 회사 안에 부엌과 사진 스튜디오도 있었다. 나는 약간의 망설임 끝에 그 제안을 받아들였다. 그런데 내가 들어간 첫날부터 고참 편집자 한 명―그 섹션에서 20년 동안 일한 사람―이 나를 미워했다. 몹시 미워했다. 그는 (최근에 은퇴한) 전 팀장에게 여전히 충성했고, 우리는 모든 일에서 견해가 갈렸다. 하지만 그는 업무 진행 능력이 뛰어났고, 나는 그를 내치지 않았다.

그렇게 얼마간 지나자, 그는 우리가 공통점은 전혀 없지만 내가 그의 성실함과 업무 능력을 인정하고 존중한다는 것을 알게 되었다. 우리는 초기의 삐걱임을 넘어서 서로 호감을 품게 되었다. 나는 내 과거 이야기를 해주었다. "버클리에서 우리 부부는 무일푼으로 살았어요." 하지만 그 시절은 내가 인생에서 무엇을 원하는지 — 더 중요한 것은 무엇을 원하지 않는지 — 를 탐색하면서 보냈기 때문에 아주 멋진 시기였다고 말했다.

그는 그 일화에 큰 영향을 받은 것 같았다. 나와 함께 일하고 1년이 지났을 때 그가 말했다. "회사를 그만두겠어요. 팀장님이 싫어서는 아니에요. 팀장님은 제 상사들 중 가장 좋은 분이었어요. 하지만 팀장님 인생 이야기를 들으니 내가 평생 아무런 모험도 하지 않았다는 걸 깨달았어요. 가만 있으면 저는 예순다섯 살까지 여기서 일할 거 같아요. 하지만 이제 남편과 이혼해서 매인 사람이 없으니 차를 타고 전국을 돌아다니면서 어디서 살지 생각해봐야겠어요. 어렸을 때 하던 그런 일을 해보고 싶어요. 지금 모험하지 않으면 앞으로는 못할 것 같아서요." 그리고 그는 떠났고 오리건주의 포틀랜드에 자리 잡았다. 그 후 재혼할 사람을 만났고, 나에게 짧은 편지를 보내 고맙다고 전했다.

그는 늘 안정된 직장에서 일했고, 자신이 누구이고 무엇을 원하는지 몰랐을 것이다. 그런 일을 고민해볼 생각도 안 했을지 모른다. 나는 그런 상황에 빠지기가 얼마나 쉬운지 잘 알았다. 나 역시 웰스파고 은행에서 그렇게 될 뻔했기 때문이다. 하지만 젊은 시절 나는 돈 대신 시간을 택할 각오가 되어 있었다. 최고의 투자는 자신이다. 그러므로 우리는 모두 인생에서 자신의 목소리를 들어볼 시간을 갖고, 자신이 무슨 일을 할지 생각해보아야 한다.

루스 라이셜의 조언

✚ 교육은 최대한 폭넓게 받는다. 대학이나 대학원 시절처럼 공부할 기회는 두 번 다시 없기 때문에, 한 가지 주제에 너무 몰두하지 않는다. 우리는 자신에게 있는 줄도 몰랐던 열정을 발견할 수도 있다. 예술, 문학, 과학에 많은 지식을 갖고 있으면 미래에 도움이 될 것이다.

✚ 젊은 시절에는 자신에게 너무 많은 것을 기대하지 말라. 일찍 꽃피는 것보다 나중에 꽃피는 것이 더 좋다. 어린 나이에 성공한 사람들 중 많은 수가 일찍 불꽃을 잃고 남은 평생을 과거의 영광을 들먹이며 보낸다.

샤론 포머런츠_작가

"주말도 휴가도 없이 일할 때, 의지할 저금도 없고 피로와 공포에 찌들어 있을 때, 어떻게 다른 일을 찾거나 이력서를 쓸 수 있겠나?"

"우리 부모님은 말했어요. '네가 원하는 어떤 일을 해도 좋지만 밥벌이는 해야 한다'고." 소설가 샤론 포머런츠가 말했다. 1980년대 초 스미스대학교를 졸업했을 때 포머런츠가 정말로 원한 것은 작가가 되는 것이었고, 어쩌다 보니 생활비가 몹시 비싼 도시에 정착하게 되었다. 그런데 결국 그가 대학 졸업 후 힘들었던 시절에 가졌던 직업들 중 하나—월 스트리트에서 구두 닦기—가 나중에 큰 성과를 낳았다. 그 경험이 멋진 첫 소설 『리치 보이』의 토대가 되었기 때문이다. 소설은 필라델피아 출신 유대인 소년—포머런츠 자신의 출신이 그렇다—이 가족 중 처음으로 대학에 가는 이야기다. 주인공은 야심 찬 젊은

이였지만, 이 새로운 고학력 부유층의 세계에서 살아갈 방법을 가르쳐줄 사람이 없었고(있다면 한 번 입은 옷은 세탁하지 않고 버린 뒤 새 옷을 사는 돈 많은 룸메이트뿐이었다), 마침내 그가 맨해튼 사회 최상층부에 들어갔을 때도 마찬가지였다.

『리치 보이』는 유대인 문화재단이 주는 골드버그 상 우수 데뷔 소설상(유대인의 내셔널 북어워드)을 수상했고, <엔터테인먼트 위클리> 선정 2010년 최고 소설 10편과 <북 리스트> 선정 2010년 최고 데뷔 소설 10편에 올랐다. 포머런츠는 또 여러 문예지에 단편소설도 많이 발표했고, 그중 한 편은 NPR 라디오 주관 '올해의 단편소설' 공연에 채택되었다. 단편소설「유령 칼」은 『2003년 미국 최고의 단편 소설』에 수록되었다. 그는 현재 미시간대학교에서 글쓰기를 가르친다.

직감이 전하는 말에 유념하라, 그것이 우리가 막 시작한 일을 그만두라고 말한다 해도

내 인생 최악의 직업은 뉴욕에서 가진 첫 번째 직업이다. 뉴욕에 갔을 때 내가 의지할 것은 500달러와 소파에서 재워주겠다는 친구의 약속뿐이었다. 어쨌건 나는 곧 롱아일랜드 지역 신문사에 기자로 취직했다. 그 회사를 <포스트>라고 하자.

급여는 대단치 않았다. 수당 없는 주급 325달러에 그쳤지만, 그래도 꾸준한 소득이었다. 나는 브루클린에 살았는데(1989년에 브루클린은 아직 저렴했다) 브루클린도 어디 사느냐에 따라 롱아일랜드와 거리가 크게 달라진다는 걸 미처 몰랐다.

첫날 출근길은 거의 두 시간이 걸렸다. 지하철 F선에서 A선으로 갈아타고, 롱아일랜드 철도에서 다시 두 번을 갈아타며 가는 동안 불안한 심정이 점점 강해졌다. 역에서 내려서는 땀을 뻘뻘 흘리며 걸어서 비좁은 신문사 사무실에 들어갔다. 신문사는 롱아일랜드의 값비싼 교외 상업 지구 근처에 있었다. 나는 지각한 탓에 정신이 없었는데, 웅크리고 앉은 작은 체구의 안내 직원이 전화기에 대고 소리를 지르다가 나를 보고 얼른 저쪽으로 가라고 했다. '편집 주간'이라고 적힌 방 앞에서 경찰이 내 또래 남자의 손에 수갑을 채우고 있었다. 남자는 부끄러운 얼굴로 고개를 숙이고 있었다. 나는 어떻게 된 일인지 끝내 알아내지 못했지만, 그 사건은 그 흥미로웠던 시절의 배경이 되었다.

편집 주간 제이슨은 인사를 한 뒤 바로 업무 이야기로 들어갔다. 그는 내가 바로 써야 할 기사들을 일러주었고, 한 건은 당장 그날 오후에 써야 한다고 했다. 지자체장 당선자 인터뷰였다. 신입이니까 기본 설명은 해줄 줄 알았다. 하지만 그런 것은 없었다. 일을 하면서 배워야 한다는 사실이 짜릿하기도 했지만 겁도 났다.

그때 신호라도 받은 것처럼 신문사 발행인 칼이 방에서 나와 우리에게 왔다. 칼은 30대 후반의 남자로 중간 키였고, 길쭉한 얼굴에 미간이 좁았다. 그는 권위적이면서도 멘탈이 약한 듯한 분위기였는데, 나중에 알게 되었지만 그래서 매사에 아주 쉽게 분노했다. 그가 오늘은 화요일이니 늦게까지 일해야 한다고, 화요일은 원래 야근의 날이라고 말했다. (사실은 월요일도 수요일도 똑같았지만, 그 말은 하지 않았다.) 그리고 두툼한 지폐 다발을 꺼내더니 물었다. "주급 날까지 쓸 돈이 필요하죠?" 그러고는 내 대답을 기다리지도 않고, 20달러짜리 지폐 석 장을 빼내 책상에 내려놓고 나갔다. 그 돈은 받아넣을 수밖에 없었지만—돈이 필요하긴 했다—그게 선물인지 아니면 봉급을 선지불하는 건지, 또 왜 일을 시작하기도 전에 그 돈을 주는 건지 아무런 설명이 없었다. 내가 그렇게 비참해 보이나? 아니면 그냥 나와 좋은 관계로 시작하고 싶어서? 고마워하라고 그러는 건가? 나는 곧 알게 되었다.

정신이 멀쩡한 사람이라면 그 자리에서 떠났을 것이다 (실제로 많이 그랬다). 하지만 나는 그런 생각이 들지 않았다. 나는 신입 기자직을 원했는데, 그런 자리는 경기가 좋을 때도 구하기 힘들었고 불황 때는 더 말할 것도 없었다. 웨이트리스나 베이비시터로 일하면서 더 좋은 직장을 찾아볼 수도 있었겠지만, 나는 열두 살 때부터 유모, 바텐터, 구두닦이 등 온갖 일을 해보았다. 청소도 하고, 설거지도 하고, 책 정리도 하고, 가구에 도료도 칠해보았다. 육체 노동자 출신은 육체 노동을 낭만적으로 보지 않는다. 나는 대학을 나왔으니 대졸자로 일하고 싶었고, 부모님에게 대졸자로 일하는 모습을 보여주고 싶었다. 그래서 남았다. 곧 엄청난 업무 부하에 짓눌리게 되었다.

금방 알게 되었지만, 일주일에 기사 네 건을 쓰는 것은 아주 많은 분량이다. 입사한 첫 여덟 달 동안 신문사의 전업 기자는 내가 유일했다. 나는 고등학교 때 신문반 활동을 하고, 대학 학보에 몇 번 기고한 적은 있지만, 취재에 토대한 정식 기사를 쓴 적은 없었다. 나는 그냥 현장에 던져진 채 쏟아지는 사실들을 이해하려 버둥거리며, 하원 의회의 반응을 취재하고, 하원 의원들에게 전화를 걸어 해외 원조 예산 변경에 대해서 물었다.

깊이 있는 외교 정책 기사는 일반적으로 지역 신문의 범위를 넘어서는 일이다. 소수의 인력으로 지역, 전국, 국제 뉴스를 모두 포괄하려면, 직원의 혹사 없이는 불가능하기 때문이다. 칼은 직원들에게 홀어머니 이야기를 자주 했다. 자신의 어머니는 은행에 다니면서 두 자녀를 키웠는데, 30년 넘도록 지각 한 번 하지 않고 병가도 내지 않았으며, 집에 전화할 일이 있으면 짬이 날 때까지 기다렸다가 회사에 전화 요금을 물리지 않도록 밖에 나가서 공중전화로 걸었다고 했다. 그는 그곳의 모든 사람에게 이런 수준의 충성과 알뜰함을 기대했다. 칼에게 신문사는 일터가 아니라 종교이자 삶의 방식이었다.

마감이 있는 화요일 밤이면 제이슨과 나는 새벽 1시까지 책상에 앉아서 조판기에서 쏟아져나오는 기사를 눈이 빠져라 들여다보았다. 눈이 아파져서 모든 게 뭉개져 보였다. 무언가 빠뜨릴 게 분명하다는 생각에 며칠을 공포 속에 보냈다. 아주 작은 오타만 나와도 칼은 길길이 뛰면서 문책 대상을 찾았다. 칼이 나에게 직접 분노를 쏟는 경우는 드물었다. 그는 여자에게는 소리를 지르지 않았기 때문이다. 그래서 나 때문에 화가 나면 제이슨을 통해 메시지를 전달했다.

그해에 나는 주말이 거의 없었다. 토요일에는 전화 인터뷰를 했다(이때는 휴대폰 보급 이전 시절이라서 하루 종일 응답 전화를 기다리기가 다반사였다). 일요일에는 취재를 나갔다. 휴일에도 일을 했는데 추수감사절만 예외였다(추수감사절이 목요일이기 때문이다). 크리스마스 때는 명목상 일주일간 휴가였지만, 그때도 나는 기사를 준비해야 했고, 출근해보면 다른 사람들도 나와 있었다. 〈포스트〉에 병가란 없었고, 나는 고열로 회사에서 쓰러졌을 때 딱 한 번 조퇴를 하고 병원에 갈 수 있었다(다행히 그날은 마감 다음날인 수요일이었다). 나는 사회생활을 전혀 못했고, 가족도 못 만났으며, 수면 부족과 업무 압박으로 살이 찌고, 얼굴에 뾰루지가 가득 났다. 옷을 사러 갈 시간이 없어서 옷이 죄다 맞지 않았다. 그때 나는 스물네 살이었는데, 그때만큼 외모가 볼품없던 시절이 없었다. 그것은 내가 꿈꾸던 화려한 도시 생활과는 거리가 멀었다.

그런 상태에서는 매일 밤 집에 돌아오자마자 쓰러져 잤을 거라고 생각하겠지만, 나는 때로 한두 시까지도 아드레날린이나 카페인에 휘둘려서 잠을 자지 못했다. 그럴 때면 일기장을 꺼내서 내 진정한 열정인 소설을 썼다. 언젠가 완성하고 싶은 단편소설의 도입부, 이런저런 장면, 대화, 인물 스케치를 작업했다.

나쁜 직장에 갇히지 말고, 용기를 내 스스로의 미래를 열어라

많은 작가가 〈포스트〉를 거쳐갔다. 나는 언론 행사에 간적이 몇 차례 있는데, 그때마다 다른 기자들이 다가와서 고개를 젓고 내 어깨를 토닥이며 힘내라고 말했다. 어느 토요일 늦은 밤, 사무실에서 전화를 받았는데 처음 듣는 이름의 상대가 내 이름을 불렀다. 그 사람이 나직이 말했다. "나도 전에 거기서 일했어요. 당신의 심정을 알아요. 취업 자리가 하나 있어서 알려주고 싶어요." 이런 일은 두 번 있었다. 나는 어리둥절했다. 나중에 나는 그것이 그렇게 특이한 일이 아니라는 걸 알게 되었다. 그곳에서 일했던 사람들은 후배들이 떠나도록 도와주었다. 젊은 기자들을 위한 탈출로를 열어주는 것이었다.

내가 두 달을 더 버텼을 때, 마침내 기회가 생겼다. 학교에서 일하는 내 룸메이트가 어느 날 이를 옮아왔고, 곧 우리 모두 옮고 말았다. 우리는 하루 동안 옷과 침구를 태우고 빨고 아파트를 청소했다. 그런 뒤 회사에 전화를 했는데, 어쩌면 칼이 이번에는 결근을 허락할 거라는 생각이 들었다. 그의 아이들도 회사에 드나들었기 때문에, 아무리 칼이라도 자기 아이들에게 이가 옮는 일은 원하지 않을 것 같았다. 그 예상은 맞았고, 나는 갑자기 〈포스트〉가 아닌 다른 직장을 찾아볼 나흘의 시간이 생겼다. 나흘의 휴가가 끝났을 때 내게는 이력서와 몇 통의 자기 소개서가 준비되었다. 나는 일주일 뒤에 면접을 보고, 7월 중순에 맨해튼에 있는 비영리기구의 홍보직으로 옮겼다. 이 일은 기적처럼 느껴졌다. 1990년은 실업률이 높았기 때문이다. 또 그 일은 글을 쓰는 일이었고, 주말과 휴가도 쓸 수 있는데 봉급은 더 많았고, 집에서도 더 가까웠다.

내가 퇴사한다고 하자 모두 충격을 받았다. 내가 1년 가까이 버텼으니 떠나지 않을 줄 알았던 모양이다(아니면 갈 데가 없을 거라고 생각했을 수도 있다). 칼은 이 기회를 이용해서 다시 한번 내게는 재능이 없다고 말했다. "그 실력으로 무슨 작가가 되겠다고." 나는 대답하지 않고 일어나서 나왔다. 내가 〈포스트〉에서 뛰어난 직원은 아니었을지라도 거기서 살아나왔고, 한동안은 그걸로 충분했다.

그런데 다음 직장에 정착한 뒤, 그래도 내가 〈포스트〉에서 몇 가지를 배웠다는 걸 깨달았다. 나는 지도 한 장을 들고 롱아일랜드 곳곳을 쑤시고 다녔고(이것은 아직도 놀랍다. 많은 작가가 그렇듯이 나는 방향감각이 형편없기 때문이다), 헤드라인과 캡션을 쓰고, 인터뷰를 하고, 빠른 시간 안에 초고를 작성하고, 진짜 빠른 속도로 타이핑을 할 수 있게 되었다. 그 기술은 이후의 직장에서 모두 유용하게 쓰였다. 다른 사람에게 어색함 없이 질문하는 데는 여러 해가 걸렸지만, 결국 그 일도 극복했다.

무엇보다 나는 〈포스트〉 덕분에 내가 저널리스트가 되고 싶지 않다는 것을 깨달았다. 칼이나 제이슨이나 긴 근무 시간이나 형편없는 봉급 때문이 아니었다. 그렇게 판단하게 된 것은 기사들 자체 때문이었다. 내가 아끼는 정보는 자주 지면에 실리지 않고 탈락했다. 나는 뉴스 첫머리 쓰는 일도 힘들었다. (예를 들면) 취재 상대가 내 질문에 대답하는 방식의 미묘한 차이를 담아내기가 어려웠기 때문이다. 왜 저 여자 국회 의원은 차에서 직접 전화를 걸어와 아이들 이야기를 전하는데 그의 남자 동료는 단조로운 목소리로 보도자료를 읽는가. 이것은 그들이 가진 어떤 인간적 면모를 알려주는가? 국회의 원으로서는? 이런 디테일은 건조한 뉴스의 '누가, 무엇을, 언제, 어디서, 왜'와 잘 들어맞지 않는다. 내가 쓰는 인물 기사조차 내 머릿속에서 끊임없이 만들어지는 소설만큼 흥미롭지 않았다.

그 신문사 문을 열고 나와 마지막으로 계단을 내려갈 때, 나는 내가 작가가 될 수 있는지 없는지 다른 사람의 판단을 듣지 않기로 했다. 또 이야기를 이것만 쓰고 저것은 쓰지 말라는 강요도 거부하기로 했다. 아마 많은 수의 젊은 저널리스트가 분노 속에 그곳을 떠나면서 똑같이 말했을 것이다. 〈포스트〉 이후에도 유감스러운 직장이 있었고, 칼 말고도 고약한 상사들을 겪었지만, 나는 경력이 쌓이면서 점점 더 좋은 직장으로 옮겼고, 그래서 소설을 쓰고 하고 싶은 이야기를 할 시간도 더 많이 확보했다.

샤론 포머런츠의 조언

➕ 힘든 직장에 다니고 있다면, 외로움과 무력함에 **빠지지** 않을 수 있는 일을 하라. 이를 옮아야만 휴가를 내서 다른 직장을 알아볼 수 있다면 그렇게 하라(아니면 옮은 척이라도 하라).

➕ 직감적으로 문제가 있어 보이면, 시기가 다소 일러도 출구를 알아보는 것이 좋다.

➕ 자신의 미래를 결정하는 것도, 자신이 어떤 사람이 될지 결정하는 것도 모두 자신뿐이다.

4부

회복력 키우기

내 대학원 지도 교수 스탠 추가 웃음기 없는 얼굴로 교실 밖 복도에서 나를 마주했다. 나는 그의 참관 아래 초등 3학년 읽기 수업을 마친 참이었다. 이제 그가 나에게 잘했다는 '긍정적인 말로 시작'해서, 몇 가지 개선점을 지적해줄 차례였다(그럴 거라고 나는 기대했다). 하지만 그는 나를 차갑게 바라보며 말했다. "당신은 아이들에게 2분 동안 질문을 예순 개는 했어요. 어른도 그렇게 질문 폭격을 받으면 제대로 생각할 수가 없어요." 나는 고개를 끄덕이며 그가 '좋은 질문'에 대해 하는 이야기를 들었다. 얼굴이 화끈거리고 마음이 무거웠다. 그 교수는 정말로 인품이 좋아서 나뿐 아니라 대학원 친구 모두가 존경했고, 내가 잘한 게 하나라도 있었다면 분명히 칭찬을 했을 분이었다. 내가 정말 못한 게 분명했다. 적어도 나는 그렇게 느꼈다.

*

스탠 추 교수가 내게 그렇게 대놓고 말한 것이 그때가 처음은 아니었다. 그런 일은 때로 자존심을 상하게 했지만, 내가 나를 교사로 또 개인으로 좀 더 명확히 보고, 실수를 지침으로 만드는 데 도움이 되었다. 내가 인정하고 숙고한 뒤, 다음번에 다르게 행동할 방법을 찾을 수 있다면 실수는 배움의 기회가 된다. 그리고 사려 깊은 교육자는 발전을 원할 때 그런 과정을 훈련한다는 걸 깨달았다.

실수를 통해 배우는 것은 가르치는 일뿐 아니라 과학 연구에도 중요하다. '망치는 일'을 다루는 〈오류학 저널〉이라는 간행물도 있다. 이 저널은 실패한 실험에 대한 글을 싣는데 그 이유는 다음과 같다. "모든 발견이나 발명에는 과실, 실패, 오류, 잘못이 큰 역할을 한다. 그것들이 소중한 교훈이나 경험을 낳기 때문이다." 실수와 실패가 성과의 거름이 되고, 우리가 사람으로 또 전문가로 성장하는 데 필수적이라는 걸 더 많은 사람이 알 수 있다면 어떨까?

말처럼 쉽지는 않다. 성취 위주의 사회에서 우리의 자긍심은 무엇을 얼마나 성취하느냐와 밀접하게 결합되어 있다. 이것은 우리가 사람을 만나서 가장 먼저 하는 질문이 "무슨일 하세요?"라는 데서 뚜렷이 보인다. 마치 그것이 우리가 어떤 사람인지를 알려준다는 듯이 말이다. 실수를 배움의 기회로 보기도 어렵다. 목표를 설정하면서 실패하고 싶은 사람이 어디 있겠는가? 실수는 부끄럽기도 하고, 정말로 괴로운 기분에 빠뜨리기도 한다. 하지만 식상하게 들릴 수도 있지만, 괴로운 기분도 괜찮다. 아이비리그 출신으로 승승장구하던 레시마소자니도 선거에 졌을 때 강아지와 함께 6주 동안 슬퍼했다. 그리고 1부에서 보았듯이 그는 중요한 교훈을 얻고 복귀했다. 그는 회복력이 뛰어났다.

회복력을 키우는 방법은 여러 가지 있다. 그중 하나는 가장 힘든 것이지만, 그냥 현실의 실수와 실패를 버텨내는 것이다. 직장에서 실수를 하고 그렇게 버티면 동료들에게 도움을 받을 수 있다. 코트니 마틴은 블로그에 기고글을 올릴 때 실수를 했다가 비난의 폭풍에 휘말린 일을 이야기한다. 가족 및 친구와의 관계 역시 똑같이 중요하다. 주디스 워너는 실직하고 우울감에 빠졌을 때 딸에게 비난을 들었던 일을 전한다.

회복력에 대한 심리학 연구 중 가장 높이 평가받는 개념은 캐럴 드웩의 '성장 마인드셋'과 '고정 마인드셋' 이론이다. 드웩은 (이 책 마지막 글에서) 능력 개념을 새롭게 설정하는 일이 실제로 우리의 발전을 돕는다고 설명한다. 그는 이렇게 말한다. "성장 마인드셋은 배움과 노력을 중시하고, 실수와 좌절을 배움의 도구로 본다." 능력은 우리가 갖거나 갖지 못하거나 둘 중 하나가 아니다. 우리는 인생의 모든 영역—일, 인간관계, 운동—에서 성장 마인드셋을 키울 수 있다.

나는 이야기를 나누는 것도 회복력을 키우는 한 가지 방법이라고 생각한다. 다른 사람들도 그렇게 생각했다. 하버드 대학교의 애비게일 립슨은 '성공-실패 프로젝트'라는 것을 운영한다. 이것은 하버드대학교의 고성과자들이 실패 경험을 공개적으로 이야기하는 프로그램이다. (성공한 경험도 포함된다. 성공에도 고유한 문제가 따르기 때문이다.) 그 결과로 나온 훌륭한 책 하나가 『거절론』이라는 작은 빨간색 책이다. 이 책에는 하버드 학생들이 받은 거절 편지와 그에 대처한 개인적 이야기가 가득하다. 스탠퍼드대학교도 립슨 모델을 따라 '회복력 프로젝트'라는 것을 만들었다. 이 웹사이트에 실린 비디오에서 교수, 동문, 학생 들은 저마다 어려운 상황에 대처한 경험을 이야기한다. 이런 프로젝트는 의미 있는 대화의 문을 연다. 나는 이 책도 같은 역할을 하기 바란다. 이 책의 용감하고 멋진 여성들은 우리에게 직접적으로 이야기한다(그중에는 여기 처음 털어놓는 이야기도 있다). 일이 틀어졌을 때 그에 대해 이야기하는 게 중요하다는 걸 알기 때문이다. 그들은 아주 고통스러운 상태에서도 잘못된 것에서 교훈을 얻었다. 우리도 실수를 귀중한 정보로 바라보고, 우리만의 〈오류학 저널〉에 우리를 성장시킨 경험의 '자료'를 채울 수 있다.

주디스 워너_칼럼니스트

>"'모든 일을 할 수 있다'는 메시지, '불가능한 수준
> 의 완벽과 성취를 이룰 수 있다'는 메시지는 남성
> 보다 여성에게 더 큰 영향을 미친다. 그래서 나는
> 여학생의 학력이 남학생을 앞지른다는 통계를 보
> 면, 그것이 흔히 말하는 '남학생의 위기'가 아니라
> 여학생의 위기라고 생각한다."

나는 주디스 워너가 인터뷰를 수락해주기를 간절히 빌었
다. 내가 그의 팬이기 때문이다. 내 책상에는 항상 그의 칼럼을
프린트한 문서들이 흩어져 있다. 그는 젊은 여자들이 시달리
는 압박에 대해 너무도 멋진 글을 쓴다. 예를 들어 여학생들의
고성과에 대한 한 유명한 기사에 대한 응답으로 워너는 <뉴
욕 타임스>에 이렇게 썼다. "사람들은 밀려들던 성취의 물결
이 사라지고 자신에게 다시 A 학점을 줄 사람이 없어졌을 때
느끼는 공허함 또는 외로움—사람들 시야에서 사라진 느낌—
에 잘 대처하지 못한다. 성취만 해내도록 협소하게 프로그램되
면, 우리는 레퍼토리가 한 가지 동작뿐인 태엽 장난감처럼 된

다." 워너와 대화할 때 내가 그 칼럼을 언급하자, 그는 그 글을 쓴 2007년에는 그 자신과 성취가 어떤 관련이 있는지 잘 몰랐다고 말했다. 하지만 그가 젊은 사람들이 느끼는 압박을 그렇게 예리하게 포착한 것은 그 역시 고성과자들에게 공감할 수 있었기 때문일 것이다.

워너는 2005년에 출간한 <뉴욕 타임스> 베스트셀러 『엄마는 미친 짓이다』와 <뉴욕 타임스> 인기 칼럼 '가정의 혼란'으로 유명하다. 최신작 『우린 문제가 있어: 명상 시대의 아이와 부모』는 2010년 정신질환전국연맹이 수여하는 과학 및 보건 보도 부문 우수 미디어상 등을 받았다. 워너는 현재 <뉴욕 타임스 매거진> 칼럼니스트이자 <타임>의 오피니언 칼럼니스트, 미국 진보센터 선임 펠로로 일한다. 2012/13년 정신건강 저널리즘 로절린 카터 펠로십을 받기도 했다. 현재 워싱턴 DC에 산다.

직장 환경이 어려워도 그 경험에서
최대한의 것을 얻어내기 위해 노력해야 한다

나는 대학 졸업 후 첫 직장에서 한 실수를 22년 후에 다시 저질렀다. 내가 1987년에 처음 일한 곳은 당시 <뉴욕 타임

스〉가 운영하던 인턴 프로그램이었다. 그 프로그램 참가자들은 기본적으로 사무직으로 일하지만, 능력이 닿는 한 기사 작성도 꽤 해볼 수 있었다. 그렇게 18개월 정도 지나면 그동안 쓴 글들을 평가받고, 평가가 좋으면 임시 기자로 채용된다. 그리고 그 기간 동안 일을 잘하면 정식 기자가 되는데, 당연히 그것이 인턴들의 최종 목표였다.

나는 〈뉴욕 타임스〉를 좋아했고, 프로그램에 합격한 것이 기뻤다. 하지만 프로그램 운영자가 그런 기쁨을 퇴색시키며 이렇게 말했다. "워너 씨는 힘들 거예요. 다른 후보들이 훨씬 쟁쟁하니까요. 워너 씨가 성공하려면 다른 사람들보다 두 배는 노력해야 한다는 게 편집자들 생각이에요." 그가 정말로 하려던 말은 아마 이런 것이었을 것이다. "당신은 특집 기사와 칼럼은 많이 썼지만, 정보 위주의 뉴스는 별로 다루지 않았지요. 그러니까 그런 뉴스 관련 경험을 쌓는 데 집중하세요." 하지만 나는 그 말을 과제 제시가 아니라 모욕으로 해석했고, 그 결과 그들이 나를 원하지도 좋아하지도 않는다고 생각했다.

이런 식으로 그 일을 시작한 데다 내가 무엇이 되고 싶은지 확신도 없었던 탓에—나는 대학원에 가거나 소설가가 될 수도 있다고 생각했다—그곳의 시간을 잘 활용하지 못했다. 보스턴 지부에 임시 직원으로 파견될 기회가 있었는데, 시나리오 작법 수업을 듣고 싶어서 싫다고 했다. 돌아보면 〈뉴욕 타임스〉 같은 곳에 들어가는 행운을 얻으면, 거기서 제공하는 기회는 거부하지 않는 게 마땅하다. 그것은 정말로 큰 행운이기 때문이다. 하지만 나는 그러지 못했다. 나는 내 내면의 드라마를 사느라 너무 바빴다. 프로그램 운영자가 한 말도 성취 동기를 북돋아주지 않았다. 그의 말은 나에 대해 비관적인 느낌만 안겨주었다. 지금 생각하면, 다른 태도로 그 기회를 적극 활용하는 것이 좀 더 탄력 있는 접근이었을 것이다. 오랜 시간이 지나서야 그때 내가 느낀 감정이 나 자신이 가진 두려움의 결과라는 것을 깨달았다.

타격을 받는다고 모두 쓰러져 죽지는 않는다

〈뉴욕 타임스〉를 떠난 뒤 프리랜서로 일하기 시작했다. 처음에는 별로 일이 없었지만 1990년대 초부터 차츰 잘 풀려나갔다. 나는 결혼하고 아이들을 낳았고, 성공작이 된 『엄마는 미친 짓이다』를 썼다. 그것은 내가 가족과 함께 파리 생활을 마치고 미국에 돌아와서 프랑스의 가족 복지 제도와 미국 어머니들의 무한 경쟁 상태를 비교한 책이다. 〈뉴욕 타임스〉에서의 경험 이후 18년이 지나고 책도 이미 여러 권 낸 2006년에는 '가정의 혼란'이라는 제목의 온라인 칼럼을 의뢰받았다. 그것은 본래 내 일상을 쓰는 블로그 포스트였는데, 편집자 게일 콜린스가 그것을 신문 칼럼으로 바꾸고 싶어했다. 이것은 꿈이 이루어진 수준을 넘는 것이었다. 나는 〈뉴욕 타임스〉에 고정 칼럼을 쓰는 필진이 되었고, 그 주제는 이른바 '일상의 정치학'으로 확장될 수 있는 영역으로, 내가 아주 흥미로워하는 분야였다. 나는 콜린스와 함께 일하는 것도 〈뉴욕 타임스〉 독자들과 교류하는 것도 즐거웠다. 그들의 의견과 비판에서 많은 것을 배웠다.

'가정의 혼란'은 4년 가까이 계속됐다. 그 시기에 새 책 『우리에게 문제가 있어』도 썼고, 또 딸들이 학교에서 돌아오면 곁에 있어주고 싶어서 아이 돌봄 서비스도 최소한으로 받았다. 이런 과부하가 결국 나를 지치게 했다. 만성 편두통이 생겼다. 사람들을 만나지 않았다. 스트레스에 짓눌렸지만 나에게도 다른 누구에게도 그 사실을 인정하지 않았다. 외적 성공 지표에 사로잡히면, 지속 가능한 방식으로 자신을 돌보기 힘들어질 수 있다. 하지만 이런 일은 우리의 회복력을 손상시킨다. 어느 시점에 이르면 무너지고 말기 때문이다.

2009년 겨울, 나는 〈뉴욕 타임스〉가 나와 재계약을 하지 않을 방침이라는 소식을 들었다. 큰 충격이었다. 자신감에 심대한 타격이 왔다. 나는 평소 우울증과 거리가 먼 사람이지만,

이때는 블랙홀에 빨려 들어가는 것 같았다. 물론 '벌떡 일어나 다시 싸우는' 본능의 일부는 타고나는 것, 기질적인 것이고 어떤 사람들은 태생적으로 회복력이 높다. 하지만 특히 나 같은 사람에게는 문제가 생기는 것 같다. 학교생활은 쉽기만 했다. 스물두 살 때까지 내 인생은 성공의 연속이었고, 나는 좌절을 다루는 법을 몰랐다.

고정 필진 자리를 잃었을 때, 딸들은 10대 중반에 접어들었다. 그때 나는 심리학자 매들린 레바인의 책을 읽고 있었는데, 그 책은 평생 특정 대학에 들어가려고 노력한 한 소녀의 일화로 시작한다. 그 대학에 입학하지 못하자, 소녀는 우울증으로 쓰러졌다. 그 이야기는 내 폐부를 찌르는 것 같았다. "이건 나에게 경고하는 이야기야. 자신을 외부의 눈으로 평가하지 말라는."

그렇게 애통의 과정을 거치자 마침내 슬픔이 걷히기 시작했다. 부정적인 생각에 허우적거리는 일도 지겨워졌고, 늘 헐렁한 요가 바지만 입고 사는 일도 지겨워졌다. 나를 일으켜 세운 것 하나는 딸이 한 말이었다. "그만하면 됐어. 더 그러면 바보 같을 거야." 나는 사람들과 만나기 시작했다. 중요했던 관계를 회복하는 일은 내가 나락에서 나오는 데 도움이 되었다.

때로는 예상 외의 곳에서
의미 있는 인정을 받을 수도 있다

최근작 『우리에게 문제가 있어』는 자녀에게 정신건강 문제가 있는 가족에 대한 통념에 의문을 제기하는 내용으로, 2010년 2월, 그러니까 내가 〈뉴욕 타임스〉와 계약이 끝났을 무렵에 나왔다. 그 책은 전작들만큼 잘 팔리지 않았고, 북투어 중 발행인이 전화를 해서 어색하고 불편하게 저조한 판매 수치를 말해주던 일이 기억난다. 당시에 이 사실은 내 실패감을 가중시켰다.

하지만 놀라운 점은 이것이다. 장기적으로 그 책의 집필은 나의 가장 풍요롭고 보람찬 직업적 경험이 되었다. 전국에서 강연 요청이 왔다. 부모, 교육가, 의사, 정신건강 전문가 들이 그 책을 좋아했기 때문이다. 그 책은 세 개의 상을 받았는데, 그때까지는 상을 받은 적이 없었다! 그 후 나는 그 분야의 지식을 계속 넓혀나갔다. 그러다 카터 센터의 펠로십을 받아서 미국의 '까다로운 아이' 개념과 소아 정신의학의 역사에 대해 연구하고 책을 쓰게 되었다. 그리고 그 경험의 결과, 저널리스트로 이름을 알리는 것보다 실제로 사람들에게 도움이 되고 그들의 삶을 변화시키는 일에 더욱 관심을 품게 되었다— 그들에게 유용한 정보를 취합해주는 것이건, 그들의 외로움을 덜어주는 것이건.

하지만 그렇다고 내가 "그 경험을 통해 배움을 얻고 달라졌다"고 말할 수는 없다. 그건 아주 솔직한 말은 아닐 것이다. 나는 여전히 같은 사람이다. 성취 동기가 강하고, 외부의 인정을 희망하고, 때때로 자신에게 가혹하다. 하지만 균형을 맞추는 전략들도 익혔다. 그중 하나는 자기비판의 목소리를 잊을 만큼 오랫동안 외출하는 것이다. 나는 또 나 자신과 다른 사람들에 대해 좀 더 너그러워졌다.

그 옛날 〈뉴욕 타임스〉에서 처음 일하던 시절, 내가 "관리팀장이 나를 '별로'라고 본다고 해도 이것은 놀라운 기회니까 매일매일 무언가를 배우겠어" 하고 말할 수 있었다면 좋았을 것이다. 내가 그런 태도를 갖게 된 것은 겨우 2년 전부터다. 이른 나이에 그런 태도를 익힌다면 인생을 헤쳐나가는 데 큰 도움이 될 것이다.

주디스 워너의 조언

"나는 팁 같은 걸 주는 사람이 아니지만 이 말을 하고 싶다."

✦ 어떤 환경에서도 거기서 무엇을 배울 수 있는지 생각하라. 인간의 다양함에 대한 관찰밖에 할 게 없더라도(신입으로 들어가는 직장은 좋지 않은 경우가 많기 때문이다), 사람들이며 업무 방식 어딘가에 흥미로운 것이 있을 것이다.

✦ 안타깝게도 자기 의심과 비판의 목소리를 머리에서 몰아내는 능력이 없다면, 외출하기, 운동하기, 친구들 만나기 같은 균형 전략을 개발하라.

린쿠 센 _인권 운동가

"때로 우리는 사고방식 때문이건 개인적 관심사 때문이건 환경 때문이건, 주변 사람들이 못 보는 걸 보는 경우가 있다. 우리의 혁신적 아이디어가 동료들에게 별로 공감을 받지 못한다면, 너무 앞서나가는 것—그러면 도움을 받지 못한다—과 그들의 저항—그것은 많은 근거에 토대한 것일 수 있다—에 양보하는 것 사이에서 절충해야 한다."

"모두 내가 미쳤다고 했다." 린쿠 센은 '불법이라 말하지 않기' 캠페인 이야기를 꺼내면서 말했다. 이 운동은 이민자 문제를 논할 때 '불법'이라는 말을 쓰지 말자는 캠페인이다. 이 캠페인과 센이 이끄는 단체 응용연구센터의 영향으로, 2013년부터 AP통신은 미국 내 이민자들에 대한 기사에 인격 말살적인 '불법'이라는 표현을 쓰지 않겠다고 선언했다. 전국 단위 뉴스들은 'AP통신 방식'을 지침으로 삼기 때문에 이것은 아주 큰 승리였다. 이것은 또 센이 인종차별 철폐 운동의 혁신적 지도자이자 모험을 두려워하지 않는 도전자라는 것을 보여주는 한 가지 사례다.

린쿠 센은 학생운동으로 사회운동을 시작했고, 지금은 응용연구센터의 대표 겸 응용연구센터 산하 뉴스 사이트 <컬러라인스>의 발행인으로서 저널리즘과 현장 운동을 결합해서 응용연구센터를 인종 문제 관련 미디어, 연구, 현장 운동의 핵심 거점으로 만들었다. 그리고 그런 공로로 많은 펠로십을 받았다. 그중에는 프라임 무버스 펠로와 잡지 <미즈>의 '우리가 주목해야 할 21명의 페미니스트'도 있다. ABC와 MSNBC 방송은 최근 그의 이민자 운동을 다룬 특집 프로그램을 방송했다.

센은 1988년 브라운대학교에서 여성학 학사 학위를 받고, 2005년에 컬럼비아대학교에서 저널리즘학 석사 학위를 받았다. 인도에서 태어나 북동부 공장 지대에서 자랐고, 교실 두 개짜리 학교에서 영어를 배웠다.

동료들의 저항은 '아니다'와 똑같은 게 아니다

우리 가족은 내가 다섯 살 반이던 1972년에 인도에서 미국으로 이민을 왔다. 나는 미국 생활을 텔레비전 드라마로 배워서, 핫도그와 피자로 식사를 하고 싶어했다. 미국 사람들은 그런 걸 먹는다고 생각했기 때문이다. 나는 내가 유색인이라는 생각에 스스로 약간 거부감을 느꼈다. 우리 동네는 아주 작고 백인이 대부분이었기 때문이다. 내 친구들은 자신들이 미국인이라 했고, 우리 부모님은 당신들이 인도인이라 했다. 내 자리는 없었다.

하지만 대학에 입학하면서 사정이 바뀌었다. 2학년 때 흑인 신입생 한 명이 백인 미식축구 선수 두 명에게 폭행을 당한 사건이 벌어져서 학내 인종차별 철폐 운동이 일었다. 친구들이 나더러 같이 집회에 가자고 했지만 나는 거절했다. "아니, 난 안 갈래. 그게 나랑 무슨 상관이야?"

그러자 친구들이 말했다. "린쿠, 너도 유색인이고 여자잖아. 현실을 똑바로 보고 동참해야 돼."

그래서 나는 집회에 갔고 그 집회는 내 인생을 바꾸었다. 미국에 온 뒤 처음으로 내 자리를 찾은 것 같았다. 미국인으로 산다는 것은 드라마처럼 사는 것도 아니고 특정한 음식을 먹는 것도 아니었다. 그것은 자신의 공동체를 좀 더 포용적, 온정적, 효율적인 곳으로 만드는 일이었다.

나는 학내 활동가가 되었고, 졸업 후에는 지역 활동가가 되었다. 그리고 여러 해가 지난 뒤 저널리즘 대학원을 마치고 응용연구센터 소장이 되어서, 인종차별 철폐 운동을 위한 미디어 전략을 만들고 종이 잡지 〈컬러라인스〉를 발행했다.

〈컬러라인스〉의 구독자가 1200명가량이던 2003년에 나는 당시에 떠오르던 '웹로그'라는 것을 하자고 제안했다. 그러면 더 많은 작가의 글을 발표하고, 더 시의적절하게 대응하고, 더 많은 사람에게 다가갈 수 있을 것이라고 하면서. 하지만 동료들의 반응은 부정적이고 강력했다.

누가 그것을 읽겠어?

세상에 그것을 어떻게 알릴 거야?

그것이 우리의 핵심 과제 및 일상 업무와 무슨 관계가 있지?

나는 그런 질문에 대답할 말이 없었다. 그리고 그 아이디어를 실행으로 옮기지 않을 거라면 대답을 찾아볼 필요가 없다고 생각했다. 동료들에게 방법을 찾을 수 있을 거라고 말했지만, 그들은 비슷한 사례를 전혀 몰랐기 때문에 '웹로그'를 업무 영역으로 끌어들일 생각을 하지 못했다. 나는 그들의 질문에 대답할 수 있도록 조사를 하는 대신 방어 심리와 실망감을 삼키며 ('왜 그 필요성을 모를까?') 포기했다.

우리는 그 뒤로 3년 동안 그 이야기를 하지 않았다. 그런데 2007년에 마침내 블로그를 시작하자 첫 주에 4000뷰를 달성했다. 잡지 전체를 온라인에 올리면 훨씬 더 많은 사람에게 다가갈 수 있다는 게 분명해지자 우리는 전체를 올렸다. 그때가 2010년이었다. 그리고 온라인 론칭 한 달 만에 종이 잡지 구독자 1200명을 훌쩍 뛰어넘는 수만 명의 독자를 모았다. 인터넷이 우리가 가야 할 길이라는 게 분명했다. 좀 더 일찍 시작했다면 얼마나 더 앞서갈 수 있었을까?

이 일이 준 교훈은 이렇다. 저항은 저항일 뿐이다. 자기 스스로 어떤 아이디어를 실행하지 않기로 결정하는 것은 괜찮다. 하지만 누군가 "아니, 하지 마" 하고 말하지 않는 한 그것은 금지가 아니다. 우리가 정확한 금지 명령을 받지 않고도 스스로 포기한다면 불만과 원망에 시달릴 수 있다.

어쨌건 그 뒤로 나는 (경험과 관찰을 통해서) 질문이 항상 질문에 그치는 건 아니라는 것을 이해하게 되었다. 때로 사람들은 질문을 통해 자기 견해를 내세운다. 예를 들면 "그게 우리가 하는 일하고 무슨 상관이 있나요?" 하는 질문은 실제로는 "이건 우리가 하는 일하고 아무 상관 없지만, 그렇게 말하기는 싫어요. 왜냐면 당신의 아이디어고, 당신 기분을 상하게 하고 싶지 않으니까요"라는 뜻이다. 동료들이 예의 바르긴 해도 솔직하게 말하지 못한다면 직장의 커뮤니케이션은 효율성을 잃는다.

다행히 나는 동료들과 좋은 관계였고, 우리는 계속 발전할 수 있었다. 하지만 특히 여자들은 반대 의견을 내지 못하도록 교육받는다는 것을 이해할 필요가 있다. 자신이 존경하고 좋아하고 지지하는 사람에게, 또는 권력 불균형이 있는 상황에서는 더욱 그렇다. 주장보다 질문이 더 안전하게 느껴질

수 있다. 조직을 이끄는 사람은 다른 사람들이 그런 습관을
버릴 수 있도록 편안한 분위기를 만들어야 한다. 때로는 나의
단도직입적인 리더십 스타일에 질문을 통한 탐색을 섞어서,
동료들이 부담감 없이 하고 싶은 말을 하게 해야 한다는 사실
도 터득했다.

일을 잘하려면 방어 감정 다루는 법을 익혀야 한다

이 일을 처음 시작했을 때 나는 부정적 피드백을 잘 받
아들이지 못했다. 그래서 항상 방어 행동부터 발동했다. 초반
에 직장에서 비판을 받았던 일이 뚜렷이 기억난다. 그때 나는
스물세 살이었고, '제3세계 조직을 위한 센터'의 공동 소장이
었다. 우리는 스물한 살의 남아시아 출신 여성을 인턴으로 채
용했는데, 그는 인턴 기간이 끝나자 나에게 실망했다고 말했
다. 내가 남아시아 여자의 멘토 역할을 기대만큼 못 했다는 것
이었다. 나는 참담해졌고 지금 돌아보면 제대로 대응하지 못
했다.

나는 "어떤 것이 미진했다고 생각하나요? 당신이 기대한
건 무엇이었나요?" 하고 묻는 대신 그 말을 무시하는 발언을
했고, 그는 입을 다물었다. 내가 이렇게 생각한 게 기억난다.

"무슨 소리야? 나는 최선을 다했어. 잘못한 건 이 친구야." 나는 그를 지도하고 프로젝트를 맡기고 진행 상태를 점검했다. 하지만 지금 돌아보면 그것은 그가 나와 좀 더 개인적인 관계를 원했는데 내가 응답해주지 못했다는 뜻이었다.

나는 그 뒤로 "무슨 헛소리야?" 하는 방어적 태도는 성장을 가로막는다는 것을 터득했다. 그래서 요즘에는 비판을 받고 기분이 나빠지면 잠깐 시간을 달라고 한다. 예를 들면 이렇게 말하는 것이다. "무슨 말인지 알겠지만, 좀 생각해볼 시간이 필요해요. 30분 후에 다시 이야기할 수 있을까요?" (아니면 다음 날이어도 좋다. 시간은 내가 원하는 만큼 가질 수 있다.) 우리는 모든 일을 '지금 당장' 해결해야 한다고 생각하는 경우가 많다. 특히 우리가 감정적으로 불안할 때 그렇다. 하지만 그렇지 않다.

이제 나는 나 자신을 돌아볼 수 있게 되어서, 어떤 발언이나 상황이 방어 심리를 안겨주면 뒤로 물러나서 살펴본다. 하지만 지금도 부정적인 피드백을 받는 일은 힘들다. 한 예로 작년에 나는 오랫동안 해왔고 효과적이라고 생각한 방식으로 인종 평등 워크숍을 이끌었다. 90퍼센트의 참가자는 이렇게 말했다. "이 워크숍 덕분에 제 인생이 바뀌었어요." "내가 참가한 워크숍 중 최고였어요." 하지만 작년 워크숍 때는 아주 낯선 평을 들었다. 내가 둔감하고 산만하고 위압적이라고. 심지어 어떤 사람은 "그분은 대규모 토론은 진행을 못 해요"라고 말했다고 했다.

나는 그런 상황을 당장 바꾸고 싶었다. 내 상황을 설명하는 장문의 이메일을 보내거나 동료에게 나 대신 그 참가자와 만나보라고 부탁하고 싶었다.

하지만 그렇게 하는 대신 나는 나를 잘 알고 지지하면서도 객관적 시각을 제공해줄 수 있는 친한 동료를 불렀다. 우리는 20분 정도 대화를 했고, 그는 내게 유익한 질문을 했다. 그런 피드백에서 내가 가장 걱정하는 것이 무엇인가? 내가 정확한 사정을 더 알려면 어떻게 해야 하는가? 그런 뒤 그는 나에게 일이 잘 안 되는 날도 있는 법이라고, 너무 속상해하지 말라고 했고, 그건 맞는 말이었다. 그 조언은 도움이 되었다. 나는 그 사건에 휘말려서 헤매는 대신 균형 잡히고 생산적인 계획을 마련했다.

나는 먼저 그 참가자와 약속을 잡고, 내가 이끈 프로그램에 대해 이야기를 나누면서 실제로 내가 약간 산만했다는 것을 깨달았다. 인종 문제 관련 대화는 너무도 예민한 문제이기에 토론을 이끌 때는 100퍼센트 집중력을 발휘해야 한다는 것도 새삼 깨달았다. 그래서 앞으로는 워크숍을 이끌 때 집중력이 떨어지거나 감정적으로 불안정하다고 느끼면 도움을 구하기로 마음먹었다. 그리고 내가 이끈 집단에 짧은 편지를 써서,

그들의 피드백에 감사하다고 하면서 내가 그것을 진지하게 받아들였음을 알리기로 했다.

방어적 태도를 피하는 것은 불필요하게 책임을 떠맡는 것과는 다르다. 우리가 비판에 직면한 순간 곧바로 반응하지 말아야 하는 것은, 상황에 대해 더 많은 정보를 얻고 '이 일에서 내 책임은 무엇이고 내 책임이 아닌 것은 무엇인가?'를 가려내기 위함이다. 그런 뒤에 비판에 대해 이렇게 반응할 수 있다. "당신이 제기한 문제를 깊이 생각해보았어요. 이런 부분은 내 잘못이 맞고 시정하겠습니다. 하지만 이 부분은 공동 책임으로 볼 수 있다고 생각합니다." 시간을 갖고 상황을 정확히 이해해야 한다. 어떤 상황에서도 어려운 대화를 하기 전에 호흡을 한 박자 늦추고 숙고하는 일은 중대한 차이를 가져올 수 있다.

린쿠 센의 조언

✚ 다른 사람의 말을 듣고 그들의 관심과 질문을 진지하게 받아들이되, 우리 아이디어에 대한 그들의 저항을 지나치게 내면화하지 않는다.

✚ 나에 대한 비판을 들을 때, 그냥 관심을 꺼버리지도 말고, 방어 심리—"뭐라고 떠들건 나한테는 상관없어"—에 사로잡히지도 말자. 우선 반응을 최소화하고 실체를 파악해본다. '이 사람의 말 가운데 내가 정말로 인정하고 변화시켜야 하는 것은 무엇인가?'를 깊이 생각한다.

✚ 내가 모든 걸 통제할 수는 없다. 실수는 일어나게 마련이고, 모두가 나를 사랑할 수는 없다. 모험을 하고 일을 해나갈 때는 감수해야 하는 부분이다.

셜리 맬컴 _과학자

"어렸을 때 나는 유치원을 마친 뒤 1학년을 건너 뛰고 2학년으로 초등학교에 입학했다. 그 뒤 오랫동안 사람들이 그 사실을 알아내 나를 1학년으로 돌려보내는 꿈을 꾸었다. 꿈속에서 나는 맞는 의자가 없어서 괴로워했다. 그 꿈은 박사 과정을 마칠 때까지 이어졌다. 아마도 내가 향하고 있던 곳에 아직 이르지 못했다는 느낌 때문일 것이다."

셜리 맬컴 박사는 우리가 과학을 가르치는 방식에 문제가 많다고 말한다. 각종 용어의 주입식 암기도 그렇고, 실험의 단계와 그 결과를 '떠먹여주는' 일도 그렇다. 아이들은 그런 방식 대신 스스로 질문을 생각하고 답을 찾기 위해 연구를 하면서 과학적 개념을 배워야 한다고 맬컴 박사는 말한다. "물론 과학에도 지루하게 수행해야 하는 부분이 있다. 하지만 모든 자료를 눈앞에 모아놓고 거기서 패턴을 찾아서 자연이 하는 말을 듣는 일, 그것이 과학의 즐거움이다." 그는 <뉴욕 타임스> 인터뷰에서 이렇게 말했다.

맬컴 박사는 모든 사람이 수준 높은 STEM(과학, 기술, 공학, 수학) 교육을 받게 하는 데 인생 대부분을 보냈다. 그는 미국과학진흥회의 교육인적자원개발단 단장으로서 소수자 집단을 위한 교육과 각종 활동 프로그램을 개발하고, 과학기술에 대한 대중적 이해를 높이는 일을 한다.

맬컴 박사는 클린턴 행정부 때 미국과학위원회와 대통령 직속 과학기술자문회의에 참여했다. 그 외에도 여러 위원회에 위원이나 의장으로 참여했으며, 카네기재단과 미국자연사박물관 같은 기관의 이사로도 일했다. 2003년에는 국립과학원 최고 상인 공공복지 메달을 받았다.

맬컴 박사는 펜실베이니아 주립대학교에서 생태학 박사 학위를 받았고, 캘리포니아 주립대학교 로스앤젤레스 캠퍼스에서 동물학으로 석사 학위를 받았으며, 워싱턴 주립대학교 동물학과를 우등으로 졸업했다. 그는 16개의 명예 학위가 있다.

대학 전공에 맞춰 할 수 있는 일에 제한을 두면 자신에게 맞지 않는 일을 선택하게 될 수도 있다

나는 1950년대 앨라배마주 버밍엄에서 흑인으로 자라면서 무엇을 하면 안 된다는 말을 많이 들었다. 우리 교회는 폭탄 공격도 여러 번 받았는데, 목사님이 적극적인 흑인 민권운동가였기 때문이다. 앨라배마 주지자 조지 윌러스는 흑인 어린이는 백인 어린이만큼 똑똑하지 않기에 주 정부가 우리에게 똑같이 투자할 수 없다는 메시지를 계속 내보냈다. 그런 차별적 환경에서 우리의 선택지는 순응하거나 반항하거나 두 가지뿐이다. 나는 그들이 틀렸다고 증명하고 싶었다. 나는 반항하는 유형이었다.

나는 과학과 수학을 잘했고 열여섯 살 때 전 과목에서 A를 받으며 고등학교를 졸업했다. 부모님은 나를 대학에 보내고 싶어했는데, 어느 대학에 가야 할지 알 수가 없었다. 남부의 대학들은 사실상 흑인대학교, 백인대학교로 갈라져 있었기 때문이다. 나는 흑인대학교에 갈 수도 있었지만, 그런 대학교들은 주 정부의 지원을 받지 못해 자원이 많이 부족했다. 아니면 용감하게 백인대학교에 가서 선구적인 흑인 학생이 될 수도 있었다. 하지만 냉혹한 흑인 차별 문화 속에서 극소수의 흑인으로 살고 싶지는 않아서 멀리 시애틀에 있는 워싱턴 주립대학교에 가기로 했다. 시애틀에는 이모 부부와 언니가 살아서 의지할 가족이 있었고, 또 그곳은 특별히 관용적인 도시였기 때문이다.

대학 생활은 충격의 연속이었다. 나는 흑인 지역에서 자랐기 때문에 동네 사람도 선생님도 다 나와 같은 생김이었다. 그러다 갑자기 흑인이 아주 드문 환경에 들어간 것이다. 1학년 말 때 보니 800명이 사는 기숙사에 흑인은 나 한 명이었다. 과학 입문 과목들의 대형 강의에서도 흑인은 나를 포함해서 두세 명뿐이었다. 나는 불편했다. 나와 똑같이 생긴 사람들 속에 있어야 공부를 할 수 있던 것은 아니지만, 갑자기 그토록 다른 세계에 들어가기에는 내가 너무 어렸다.

내가 경험하는 현실 일부는 혼란스러웠다. 예를 들어 흑인 여학생은 모두 대학을 마치면 일을 할 것이고, 계속 일을 해야 한다고 생각했다. 하지만 백인 여학생들은 자신의 직업보다 배우자의 직업을 중요하게 여기는 것 같았다. 많은 친구가 대학을 졸업해도 결국 가정주부가 될 거라고 했다. 내 친구 한 명은 의대 예비 과정을 포기하고 교사 자격증을 땄다. 의대생인 약혼자의 학비를 대기 위해서였다. 남자는 졸업반 때 친구를 버렸다. 친구를 위로해주긴 했지만, 왜 약혼자의 경력을 위해 자신의 야심을 접는지 이해할 수 없었다. 나는 지식이란 아무도 빼앗아갈 수 없는 재산이라는 말을 들으며 자랐다. 그가 교사가 된 것은 훌륭하지만, 의사가 되는 길을 스스로 포기했다는 것이 못내 불편했다. 그리고 흑인 여자와 백인 여자의 교육관은 다르다는 걸 이해하기 시작했다.

나는 학부 시절 내내 B학점 이상을 받았고, 의사가 되려고 했지만 당시 의대는 성별 할당이 있어서 여학생을 10퍼센트 이상 잘 뽑지 않았다. 나는 의대 예비 과정 지도 교수가 내

1학년 1학기 평점 3.0을 보더니 의대 진학 생각을 접으라고 말한 일을 영원히 잊지 못한다. 그는 그 10퍼센트 안에 들려면 남자들보다 성적이 좋아야 한다고 했다. 나는 알겠다고 했지만 그 말을 무시했다. 지도 교수의 말을 진리로 여겼다면 나는 모든 걸 포기했을 것이다. 그 말은 내가 꿈을 추구할 수 없다는 뜻이었기 때문이다. 교수가 나를 면박주려던 게 아니라 그저 솔직하게 말한 거라는 건 알았지만, 그래도 충격이었다. 흑인 여자로서 나는 "여자는 이런 일, 저런 일을 못한다"는 말을 들은 적이 없었기 때문이다. 그런데 갑자기 나를 제한하는 요소가 흑인이라는 것에 여자라는 것까지 추가되었다.

워싱턴 주립대학교의 많은 여학생이 의대 예비 과정에 들어갔지만, 대개 중도 포기했다. 아마 내 지도 교수가 한 말 같은 메시지에 낙심했을 것이다. 하지만 과정을 마친 학생들도 정작 의대에 지원하지는 않았다. 차별을 예견했기 때문이다. 나는 버티면서 3학년 2학기 때 의대 입학 시험을 쳤지만, 의대 예비 과정 동료들이 마음에 들지 않는다는 것을 차츰 깨달았다. 그들은 대부분 남자고, 상당히 불쾌한 사람들이었다. 한번은 내가 해부해야 할 대형 고양이 사체를 동물실에서 실험실로 옮기는데, 몇몇 남학생이 나를 앞질러 가더니 내가 들어가지도 않았는데 문을 쾅 닫았다. 또 한번은 어떤 남학생이 나에게 물었다. "넌 왜 의대에 가려고 해? 남자들 자리를 빼앗는 일이잖아." 그래서 이렇게 말했다. "맡아놓은 것처럼 말하네." 특권 의식을 가진 불쾌한 사람들과 4년을 더 보내고 싶지 않아졌고, 내가 의대 예비 과정에 들어갔던 건 과학으로 할 수 있는 다른 일을 몰랐기 때문이라는 생각이 들었다.

내 전공은 동물학이었고, 지도 교수가 "공부를 계속해서 박사 학위를 따는 게 어때요?" 하고 말했을 때 나는 리셋 버튼을 누르기로 했다. 나는 그를 존경했고, 그가 그 일이 가능하다고 생각한다면 시도해볼 만하다고 여겼다.

학업을 중단했다가 돌아가고자 한다면, 다른 의무에 사로잡히기 전에 돌아가라

나는 의대에 진학하는 대신 캘리포니아 주립대학교 LA 캠퍼스의 동물학 박사 과정에 들어갔다. 때는 1967년이었고 세상은 미쳐돌아가고 있었다. 베트남전쟁이 불을 뿜었고, 여성운동이 일어났으며, 갑자기 세상 모든 것이 변화하거나 질문에 휩싸이는 것 같았다. 흑인, 여성 인권, 라틴계 인권 운동 등 많은 분야에서 젊은이들이 기성세대의 믿음과 행동에 도전했다. 이런 불평등에 맞선 지도자들은 하나씩 죽어갔다. 마틴 루서 킹 박사, 로버트 케네디, 맬컴 X가 몇 달 간격으로 암살

되었다. 우리는 그다음은 누구냐고 묻지 않을 수 없었다.

그 시절에는 지진도 많이 일어났다. 1971년의 한 지진은 샌퍼난도밸리의 퇴역군인 병원을 무너뜨렸고 수백 차례의 여진을 몰고 왔다. 이런 지진은 우리 세대의 혼란한 정서를 물리적으로 표현하는 것 같았다. 우리는 사회를 변혁하고자 했고, 기성 질서를 거부했다. UCLA에서 학생들이 행정동을 점거한 날, 나는 의문이 들었다. '내가 여기서 뭘 하는 거지? 동물학 공부가 세상의 일과 무슨 상관이 있는 걸까? 나의 대학원 생활은 이 세상의 싸움과 무슨 관련이 있을까?' 그래서 나는 정신을 추스르기 위해 잠시 학교를 떠나―그때는 그게 최선 같았다―로스앤젤레스의 고등학교에서 학생들을 가르치기로 했다.

교사로 일하는 동안 그곳에 사는 사촌오빠네와 아주 가깝게 지냈다. 그들은 딸이 하나 있었고, 그 시절 사촌올케가 다시 임신을 해서 아들을 낳았다. 올케는 학교로 돌아가서 교육학 박사 과정을 밟고 싶어했다. 그러던 어느 날 올케가 피살되었다는 끔찍한 소식을 들었다. 그것은 우리 주변에서 일어날 거라고는 생각하지 않았던 참혹한 이야기였다. 살인자는 사촌오빠가 잠시 외도했던 여자였다. 올케가 피살된 날 나는 생후 2년 6개월 된 아이와 3개월 된 아기를 돌보러 그 집에 갔다. 그리고 분유를 타고 아이들을 달래며, 버밍엄의 친척들도 달랐다. 경찰을 만나 이야기를 하고, 죄책감에 미칠 지경이 된 사촌오빠를 위로했다. 나는 스물넷의 나이에 악몽의 소용돌이 속에서 기둥 역할을 해야 했다. 그런 일에는 흔히 대가가 따른다.

아이들은 2주일 뒤에 버밍엄의 조부모 집으로 떠났고, 나도 캘리포니아에 계속 있을 수가 없었다. 충격에 몸도 마음도 만신창이였다. 그런 트라우마는 삶을 파괴한다. 나는 로스앤젤레스의 학교를 떠나 고향으로 돌아갔다. 사람들을 피해 숨고 싶었다.

다음 해가 되자 이제 내가 누구인지 어디로 가고 있는지 알아내야 했다. 자신을 추슬러야 할 때가 있다는 걸 알았지만, 특정 시점에는 그런 무너진 상태가 최대한으로 추스른 모습일 수도 있다. 친구처럼 지내던 올케의 죽음으로 인생은 짧다는 것을 깨달았고, 그것을 헤치고 나갈 방법을 찾아야 했다. 나는 내게 중요한 것들을 미루고 싶지 않았다. 이 세상에 보장된 것은 아무것도 없었기 때문이다. 다른 곳에서 일자리를 찾았다. 내 사정을 아는 친구가 시애틀의 한 회사를 소개해주었고, 잠시 그곳에 다니다가 다시 대학원에 지원했다.

나는 펜실베이니아 주립대학교 교육대학원 박사 과정에 들어갔다. 동물 행동 세미나 참석을 신청하러 갔을 때 담당 교수가 내 박사 과정 성적표를 보고 말했다. "자네는 더 이상의 수업이 필요 없어. 연구만 하고 여긴 그만둬요." 그리고 교육 대학원을 떠나 자신이 이끄는 생태학 박사 과정에 들어오라고 했고, 나는 제안을 받아들였다. 과정에 들어가고 2년여가 지난 뒤에 나는 내 논문을 변론했다.

소수자 집단 출신이 학교나 직장 등 어떤 분야 전체에서 마주치는 편견은 여자라는 사실에 의해 더 복잡해진다

나는 대학원을 마치고 윌밍턴 소재 노스캐롤라이나대학교의 교수가 되었지만 1975년 결혼을 하면서 그곳을 떠났다. 남편의 직장이 워싱턴 DC에 있었기 때문이다. 처음 갔을 때는 직업이 없었지만 미국 고등과학원이 연구 보조원을 구한다는 광고를 보았다. 그 일은 소수자들의 STEM 분야 참여도를 높일 방법을 개발하는 프로젝트였다. 나는 이런 일을 하게 된 것이 너무 감사해서 형편이 허락했다면 공짜로라도 일했을 것이다. 대학과 대학원 시절, 그리고 경력 초기에 사람들이 다어디 있는지, 내 주변의 학생들과 연구자들 중 흑인 여자는 왜이렇게 드문지 늘 의문이었기 때문이다. 나는 이 문제에 관심 있는 사람들과 만나 대화를 나누기 시작했다. 내 상사 겸 멘토가 국립과학재단에 기금을 신청해서, 과학 분야의 소수 인종 여성에 대한 연구를 이끌고 콘퍼런스를 열었다.

콘퍼런스에 참석한 여자들은 연구와 업무를 수행하는 가운데 자신들이 흑인 또는 라틴 계열 또는 북미 토착민 여성이라서 겪는 일들을 (현실적으로 또 심리적으로) 어떻게 관리하는지 이야기했다. 그들은 일찍부터 인종차별 때문에 학업에 어려움을 겪었다. 때로 그들의 지도 교수는 출신 배경이 달라서 그들과 접점을 찾을 방법을 몰랐다. 그리고 경력이 쌓여가면서는 여자가 올라갈 수 있는 높이와 성취할 수 있는 자리에 한계가 있다는 사실을 강하게 의식하게 되었다. 한 생물학 교수는 자신의 실험 공간을 남자 과학자에게 넘겨주라는 요구를 받았다는 이야기를 "다들 잘 알잖아요" 하는 태도로 말했다. 우리는 인종차별과 성차별이 결합된 현상에 대해 '이중 속박'이라는 말을 만들었는데, 그 말은 오늘날까지 통용되고 있다.

나도 할 이야기들이 있었다. 한 가지 사례는 내가 국립과학위원회에 잔여 임기를 채우는 위원으로 들어갔을 때의 일이다. 위원회는 모두 스물다섯 명이었고, 나는 당시 위원회의 두 번째 여성이자 유일한 흑인이었다. 나는 국립과학재단의 기획관으로 일한 적이 있어서 홍보 정책의 언어를 잘 알았다. 하지만 몇몇 사람은 내가 국립과학위원회에 들어온 것이 차별철폐 조치에 따른 혜택이라고 짐작했다. 내가 회의에 가서 인종 다양성 이외의 주제를 꺼내면 사람들은 크게 놀랐다. 내가 맡은 일을 해가서 '현재 제시된 자료들로 보면 당신들의 말이 타당하지 않다'고 의문을 제기하면, 동료들 중 일부는 완전히 의외라는 반응을 보였다.

그 초창기의 유색인 여성 과학자 모임에서—그리고 우리가 추후에 출간한 논문들에서—확실하게 드러난 것은, 과학자가 되는 비용은 원래 높지만, 거기 비주류 소수자라는 변수를 더하면 그 비용은 더욱 높아진다는 것이다. 이제 더 많은 여성과 유색인 여성이 과학 분야에 들어오면 이런 분위기도 바뀌리라 희망한다. 내가 현재 미국과학진흥회에서 맡은 역할은 소수자 집단을 지원하고 모든 이가 과학기술 교육을 받을 수 있게 하는 광범위한 전략을 만드는 것이다.

내가 어릴 때 우리 할머니의 교회가 폭탄 테러를 당한 적이 있다. 오랜 시간이 지나 어른이 되어 스파이크 리가 그 사건을 토대로 만든 영화 〈네 소녀〉를 보고 깜짝 놀랐다. 테러 당일에 우리 교회 목사님이 할머니를 끌어안는 비디오 자료가 잠깐 지나갔기 때문이다. 그때 나는 열 살이었지만 모든 것이 기억에 선명했다. 할머니가 나를 데리고 교회에 갔다가 목사님을 보고 달려가 그를 끌어안았다. 나는 거기 서서 주변 사람들을 둘러보았다. 교회는 허물어지고 목사관도 사라졌다. 완전한 폐허였다.

다시 오랜 세월이 지나 인터넷으로 그 비디오를 찾아보니, 오른쪽에 전에는 못 본 것이 있었다. 나였다. 내가 그 비디오에 찍힌 줄 전혀 몰랐었다. 그 모습을 보자 나는 열 살의 내가 지금 예순여섯이 된 나를 보면 얼마나 놀랄까 하는 생각이 들었다. 그 소녀는 내가 이렇게 많은 일을 하고 이렇게 많은 사람을 만나게 될 줄 상상도 못했을 것이다. 물론 내가 극복해야 했던 많은 일, 내가 겪은 많은 일도 상상하지 못했을 것이다. 그러자 우리가 어떤 아이를 보고 그 아이의 앞날을 짐작하는 건 불가능하다는 생각이 들었다. 우리는 아이를 미래 자체로, 기회가 주어진다면 눈부신 재능을 펼칠 수 있는 존재로 보아야 한다.

셜리 맬컴의 조언

✦ 동료들의 존경에도 나름의 문제가 있을 수 있다. 우리 앞에 '자격 있는' 소수자, 또는 '논리적인' 소수자 같은 특정 수식어를 붙이는 경우가 그렇다. 그런 형용사는 개인을 집단에서 분리한다. 나는 경력 초기에 그런 말을 무시하고 내가 하는 좋은 일을 계속했다. 하지만 나이가 들면서 "왜 그렇게 말하죠?" 하고 되묻기 시작했다. 우리는 자신에게 옳다고 느껴지는 방식으로 대응해야 한다.

✦ 대학이나 대학원 공부를 잠시 쉬게 된다 해도, 공부 감각을 잃기 전에, 자신의 지식이 낡기 전에, 또 빚이나 가족 문제나 다른 많은 일이 발목을 잡기 전에 학업으로 돌아가야 한다.

루스 오제키 _작가

"실수는 사후적 판단이다. 우리는 시간이 지난 다음에야 어떤 일을 '실수'로 여긴다. 실수는 우리가 자신의 과거를 얼마나 비판적으로 바라보는지, 그것을 어떻게 판단하는지, 그리고 어떤 철학을 가지고 인생이 펼쳐지는 방식을 이해하는지와 관계가 있다."

루스 오제키의 최신작 『내가 너를 구할 수 있을까』는 (부분적으로) 일본이 배경이다. 그는 이 책을 2011년에 거의 완성해 편집자에게 넘겨주려는 순간 일본에서 벌어진 일들을 보고 책 전체를 다시 쓰기로 결심했다. 그는 NPR 라디오에서 저널리스트 레이철 마틴에게 이렇게 말했다. "일본에서 지진이 일어나고, 쓰나미와 후쿠시마 원전 용융이 뒤따랐다. 이런 일을 지켜보니 이제 일본은 예전으로 돌아갈 수 없고, 내가 쓴 책이 유효하지 않다는 생각이 들었다." 그는 소설을 고쳐 쓰면서 그 사건들을 탐구했고, 책은 출간 뒤 호평을 받았다. <워싱턴 포스트>는 이 작품이 "심리적으로 매혹적인 만큼 지적으로 도발적"이라고 평했다. 작품은 이름 높은 맨부커상 최종 후보에 올랐다.

오제키는 스미스대학교 졸업 후 텔레비전 방송사에서 일했고, 몇 편의 단편영화를 만들었다. 그중에는 1995년 작 <뼈의 분할>도 있다. 이 작품은 그가 할머니의 유해를 일본에서 모셔오는 과정의 이야기로, 선댄스 영화제, 뉴욕 현대미술관, 몬트리올 국제영화제, 마거릿 미드 영화제 등에서 상연되었다. 그는 방송계와 영화계에서 활발한 활동을 펼치다 소설가가 되었고, 40대에 처음 발표한 두 소설 『육식의 해』와 『세상 모든 창조물』은 비평가들의 격찬을 받았다. 오제키는 선불교 승려 수업도 시작했다. 맨부커상 위원회가 온라인으로 수상 후보를 발표하자 그는 "이것은 영화인 겸 선불교 승려가… 1차 후보에 오른 첫 사례일 것"이라고 말했다.

후회가 예술적 동기가 될 수도 있다

우리 아버지는 멋진 분이었지만 지독한 완벽주의자였다. 그리고 완벽주의자가 흔히 그렇듯 모든 일을 최대한 미루었다. 생의 마지막 시기에 아버지는 자신이 시도하지 않은 많은 일에 대해 후회했다. 나는 그렇게 일을 미루는 습관의 뿌리는 두려움일 거라고 생각한다. 실수에 대한 두려움, 그리고 통제력을 잃는 것에 대한 두려움. 죽음은 통제력을 완전히 잃는 일이다. 나는 아버지의 고통을 지켜보면서 아버지처럼 후회하지 않기 위해 할 수 있는 모든 것을 다 하기로 마음먹었다. 그에게서 내 모습이 보였기 때문이다. 나는 아버지의 완벽주의적 기질과 통제 성향을 물려받았고, 역시 일을 미루는 버릇이 있었다.

일을 미루는 것은 완벽주의의 증상인 한편 보호 전략이기도 하다. 실수를 하기 전에 멈추는 것이다. 효과적인 전략은 아니지만 어쨌건 전략이다. 대학 시절 리포트를 쓰거나 시험 공부를 해야 할 때면 나는 늘 나중으로 미루었고, 그것은 버릇이 되었다. 그 기분은 괴롭다. 해야 한다는 걸 잘 알면서 그것을 피하기 위해 온갖 부인 행위를 하는 것이다. 나는 4년 과정을 마치고 졸업했지만, 나 자신에게 막대한 슬픔과 고통을 떠안겼다.

아버지가 후회 속에 돌아가실 때 나는 마흔하나였고, 첫 소설을 작업하고 있었다. 아버지 곁에서 나는 내 인생과 행동을 돌아보게 되었고, 소설 집필은 내가 후회에 대처하는 방법인지도 모른다는 생각이 들었다. 그것은 나 자신의 실수를 좀 더 따뜻하고 너그럽고 심지어 고맙게 대하는 방법일지도 몰랐다.

작가가 되면—소설가뿐 아니라 어떤 분야의 작가라도—실수를 소중히 여기게 된다. 실수에는 글감을 만드는 잠재력이 있기 때문이다. 누가 작가는 후회로 글을 쓴다고 말했는데, 그 말이 맞는 것 같다. 옛 실수에 대한 후회는 조개 속의 괴로운 티끌이나 모래 알갱이 같아서 그것을 둘러싸고 새로운 작품이 만들어진다. 내가 쓴 소설들을 지금 돌아보면, 모두 그런 티끌, 내가 저지른 잊을 수 없는 실수, 과실이나 오판에서 영감을 얻은 것이다. 소설은 그런 일을 정식으로 탐구하는 방법이다.

첫 책의 영감이 된 사건은 내가 1980년대 방송계에 있을 때의 일이다. 그때 나는 일본 텔레비전 방송국에서 일하며 다양한 작업을 요청받았는데, 진지하게 검토했다면 하지 않았을 일이 많았다. 그런 것을 딱히 실수라고 해야 할지는 모르겠지만, 윤리적 불안을 느낀 것은 사실이다.

〈뉴요커〉라는 제목의 시리즈 다큐멘터리를 만들 때였다. 쿨하고 힙한 뉴요커의 생활을 보여주는 내용이었는데, 후원사가 필립 모리스였기 때문에 매회에 아름답고 젊은 뉴요커가 필립 모리스 담배를 피우는 장면을 넣어야 했다. 다큐멘터리라고 이름 붙인 프로그램에 은근슬쩍 광고를 넣는 것이다. 이 시절 미국에서는 다들 건강에 예민해져서 흡연율이 점점 떨어졌기에, 대형 담배 회사들은 텔레비전 광고 예산을 아시아 시장으로 돌리고 있었다. 나 자신이 오랜 흡연자로 담배를 끊지 못해 괴로워하고 있으면서도, 제작팀과 함께 거리에 나가 젊고 아름다운 사람들에게 말보로 담배를 건네주면서 흡연 장면 촬영을 요청했다. 어색하고 민망하고 내키지 않았지만 어쨌건 그 일을 했는데, 나 자신이 니코틴 중독자다 보니 내가 너무 위선자처럼 느껴졌다.

비슷한 시기에 〈미세스 아메리카〉라는 시리즈 다큐멘터리 기획안도 만들었다. 그것은 미국 여자들의 흥미롭고 다양한 삶을 그려 보이는 것이었다. 역시 1980년대였고, 일본 여성은 미국 여성과 같은 기회를 누리지 못하고 있었다. 나와 방송국 여자 동료들은 그런 상황을 안타깝게 여겼고, 주류 텔레비전 방송을 이용해서 강인한 미국 여성들의 흥미로운 삶을 일본 주부에게 보여준다는 은근한 페미니즘적 의도를 갖고 있었다. 적어도 우리 생각은 그랬다.

우리는 항상 도쿄 본사에 보낼 아이디어들을 짜냈지만, 그중에서 실제로 채택되는 것은 소수였다. 이 업계가 원래 그렇다. 그래서 시리즈 후원사가 나타났다는 말을 들었을 때 나는 그 기획이 제작될 수 있다는 생각에 기뻤다. 후원사가 미국 육류수출협회고, 우리 프로그램을 요리 프로그램으로 바꾸어야 한다고 했을 때도 별로 당황하지 않았다. 우리는 제작을 진행해서 흥미로운 미국 여성의 삶과 가족에 대한 이야기를 담왔고, 거기에 맛있는 소고기 요리들을 곁들였다.

나는 미국 육류산업 로비그룹의 후원을 받는다는 것이 무슨 의미인지 깊이 생각하지 않았다. 우리 모두 그랬다. 그저 일감이 생긴 것을 기뻐했고, 그것이 페미니즘의 '트로이의 목마'가 될 거라고 기대했다. 육류산업에 불쾌한 구석이 있다는 걸 알았지만, 그런 이야기를 할 수 없다는 것도 알았다.

내가 그 시절 그 산업에 대해 알던 것은 대체로 일반 지식 수준이다. 육우는 공장형 대규모 농장에서 사육되고, 비인도적 대우를 받는다는 것. 사육장의 유출수가 강물을 오염시킨다는 것. 남아메리카의 열대우림이 육우 사육지 확보를 위해 베어진다는 것. 하지만 내가 그 프로그램을 만들 때 그것은 수동적인 지식이었다. 어느 정도 알았지만, 생각하기 불편해서 생각하지 않았다.

그래도 계속 신경 쓰이는 무언가—어떤 후회의 알갱이—가 남아 있었고, 여러 해 뒤에 방송계를 떠나 작가가 되었을 때 나는 인생의 그 시기를 돌아보며 첫 소설『육식의 해』를 썼다. 소설은 지구 반대편에 살지만 텔레비전 요리 프로그램으로 연결된 두 여자의 이야기다. 한 여자는 뉴욕의 다큐멘터리 영화 제작자로 육류산업이 후원하는 프로그램을 만든다. 다른 한 사람은 그 프로그램을 보고 거기 나오는 고기 요리를 따라 하는 도쿄의 주부다.

소설에서 뉴욕의 영화 제작자(나의 분신)인 제인 타카기리틀은 수동적 지식과 무지—의도적인 외면—에 대해 이렇게 말한다. "본질적으로 무지란 의지의 소산, 반복적으로 내리는 선택이야." 나의 무지—약간 아는 것을 외면하기로 한 결정—가 이 소설의 주제였고, 나는 마침내 육류 생산 과정을 조사하고 내가 그 시절에 홍보했던 산업에 대해 공부를 했다. 그 내용은 물론 충격적이었다. 내가 약간 알던 모든 것이 사실이었고, 다만 예상보다 더 끔찍했다. 나는 소에게 성장호르몬과 항생제를 대량으로 주입하는 육류산업의 전반적 관행에 대해 온갖 불편한 사실을 알게 되었다. 유럽연합이 성장호르몬 사용을 이유로 미국 육류 수입을 금지하자, 미국 육류 업계는 정부의 무역 로비스트를 활용해서 일본과 새로운 소고기 무역협정을 맺고 대일본 수출량을 늘렸다. 소설은 이런 역사적 흐름과 잘 들어맞았다. 내 프로그램 〈미세스 아메리카〉는 새로운 소고기 무역협정이 맺어진 직후에 론칭되었기 때문이다.

후회되는 행동을 한 순간들을 생각하는 일은 윤리적인 사람으로 성장하는 데 도움이 된다

그 시절에 내가 왜 그런 일을 했는지는 분명하다. 나는 먹고살 돈이 필요했고, 모든 일이 정신없는 속도로 일어났고, 이러건 저러건 방송 일은 재미있었다! 그 일은 자신이 강하고 중요하고 특별하다는 느낌—일종의 특권 의식—을 준다(방송계나 영화계 스태프들이 일하는 현장을 보면 그런 특권 의식을 느낄 수 있다). 많은 돈이 오가고, 속도에 대한 압박이 있다. 1분 제작에 소요되는 비용이 수백, 심지어 수천 달러고, 업계 종사자들은 이 소중한 시간을 들여 자신의 윤리적 불안과 양심의 가책을 살피거나 의문을 제기할 겨를이 없다. 그 세계에서 일하려면 관행에 따라야 한다.

하지만 소설가는 시간의 값이 싸고, 여러 날을 허송해도 상관없기에, 나는 오랜 시간 내 불편한 후회의 감정을 살펴보며 그것을 글로 표현하기 위해 노력할 수 있었다. 『육식의 해』는 내가 상업 방송계에서 생계를 유지할 때 직면한 (아니 직면하지 못한) 윤리적 딜레마에 대한 성찰에서 나왔다. 그 작품은 내가 진실을 말하는 다큐멘터리의 껍데기를 썼지만 사실은 고도로 설계된 광고를 만들면서 내린 결정들에 대한 양심의 가책에서 나왔다. 책을 쓸 때 나는 그때의 정신 상태로 돌아가서 그 일을 다시 경험했다. 그렇게 의문들을 다시 숙고하면서 내 선택들이 어디서 비롯됐는지 이해할 수 있었다.

나는 무지의 작용에 대해서도 더 많이 이해하게 되었다. 우리는 실수를 두고 무지를 탓할 때가 많지만, 무지를 수동적 상황이 아니라 적극적 선택이라 생각하면 그 성찰은 실제로 우리에게 힘이 된다. 무지는 의지의 행동이고 지식도 마찬가지다. 언제든 우리는 무지에 머물지 않겠다고 선택할 수 있다. 세상의 상태를 모른 척하지 않겠다고 선택할 수 있다. 우리는 실수를 외면하는 대신 그 일에 책임을 지고, 후회를 성찰해서 두려움과 부정에 빠진 삶을 떨칠 수 있다.

소설 창작 과정은 숙고의 과정이지만, 숙고에 그치지 않는다. 그것은 창조적이고 생성적이기도 하다. 과거를 돌아보면서 대안적 현실을 구성하고 시험하기도 한다. 여러 가지 '만약'을 생각한다. 만약 내가 그 시절에 이런 일을 제대로 이해하려고 했다면 어땠을까? 내가 다르게 행동했다면? 이런 과정은 가정적 사고를 훈련시켜주고, 실수와 그에 대한 후회가 그런 가정적 사고를 살찌워준다. 우리가 세상에서 무슨 일을 할 때, 매번 완벽하고 올바르게 할 수는 없다. 그래서 우리에게는 항상 생각할 거리가 생기고, 그것은 나쁜 일이 아니다.

13세기의 고승 도겐 선사는 삶은 "하나의 연속적인 실수"라고 말했다. 인생 자체가 길게 이어지는 실수들로, 그 하나하나가 새로운 인연을 낳고, 우리를 다음번 실수로 이끌고 간다는 뜻이다. 매번의 실수는 행동, 사고, 말을 뒤로 물러나서 살펴보고 재평가하고 조정할 기회다. 그러므로 모든 실수는 우리에게 배움의 기회, 적극적·윤리적인 방식으로 인생에 참여할 기회, 또는 작가라면 새로운 책을 쓸 기회가 된다! 이런 성찰은 우리에게 힘이 된다. 인생을 그렇게 바라보면 실수를 겁낼 필요가 없기 때문이다. 실수는 우리가 환영할 만한 것, 더 많은 것을 배우기 위해 최대한 많이 해봐야 하는 것이다.

루스 오제키의 조언

✦ 일을 미루는 것은 완벽주의의 압박을 해결해주지 않는다. 그
것은 우리가 인생을 충실히 살지 못하게 가로막을 뿐이다. 일
을 미루는 대신 실수의 가치를 인정하는 태도를 키우자.

✦ 이 세상에 무언가를 내놓는 행위, 아이디어를 내서 실현하는
행위는 머릿속의 완벽한 상태를 상대적으로 불완전한 현실의
상태로 만드는 것이다. 소설도 회화도 다 그렇다. 제작자의
머릿속에서는 완벽하지만 실현된 결과는 불완전하다. 우리는
이것을 실수로 또는 그냥 참여의 기회로 볼 수 있다. 실수를
하는 것이 창조적인 삶을 열어주기 때문이다.

✦ 일본의 선불교에는 다도를 비롯한 정교한 의식이 많다. 모든
것이 세밀하고 엄격하고 정교하다. 기본적으로 이런 의식을
실수 없이 하기는 불가능하다. 과정 전체가 실수와 실패를 부
르는 정교한 장치라고 볼 수 있다. 하지만 사람들은 실수하면
서도 이 의식을 계속한다. 삶도 똑같다. 실제로 삶이란 이전
보다 더 나은 실수를 하고, 우리 자신과 우리의 무수한 불완
전함을 받아들이는 연습이다. 우리는 이런 식으로 사는 연습
을 더 많이 해야 한다. 젊은 여자들은 특히 더 그렇다. 여자들
은 완벽주의에 사로잡히기가 너무 쉽기 때문에, 실수하는 연
습을 많이 할수록 좋다. 우리는 많은 실수를 해야 하고, 만약
모든 게 항상 완벽하다면 일부러라도 실수할 상황을 찾아가
야 한다.

코트니 E. 마틴 _작가, 문화 평론가

"나는 사람들이 공개적으로 자신의 잘못을 인정
하는 세상에서 살고 싶다. 몇몇 사람들은 어떤 이
슈나 상황에 대한 자신의 평가가 틀렸다는 걸 깨
달으면 견해를 바꾼다. 이런 일은 약점으로 보지
말고 칭찬해주어야 한다."

코트니 마틴은 'TEDx여성' 강연에서 세상을 더 좋은 곳
으로 만들고 싶은 자신의 열망을 멋지게 설명한다. 그의 고민
은 우리가 사회 현실을 인정하면서도 힘을 잃지 않고 변화를
만들어낼 방법이 무엇일까 하는 것이다. 그런 질문을 담아서
『어쨌든 실행하라: 새 세대의 활동가들』이라는 아름다운 책을
썼다. 이 책은 사회운동을 하는 젊은이 여덟 명을 소개한다.

마틴은 작가 겸 문화 평론가로, 저널리즘과 사회운동의
접점에서 일한다. 주요 언론 매체가 여성과 유색인의 목소리를
더 많이 담게 만드는 것을 목표로 하는 '오페드OpEd 프로젝트'
에서 일하고, 온라인 커뮤니티 <페미니스팅>의 창립 편집자

이며, 현재는 동료 한 명과 함께 사회운동 단체들의 효율성을 높이는 커뮤니케이션 컨설팅 회사 '밸런티 마틴 미디어'를 운영한다.

그가 쓴 몇 권의 책들 중 『완벽한 여자, 굶는 딸들: 완벽함의 추구가 젊은 여성들에게 끼치는 피해』는 '더 좋은 삶을 위한 책 상' 후보에 올랐고, <뉴욕 타임스>는 "지성과 에너지가 넘치는 책"이라고 평했다. 파커 파머는 마틴을 "통찰력 있는 문화 평론가이자 섬세한 젊은 작가"라고 말했고, 여러 사람이 그의 글을 "다채롭고 힘 있고 모두에게 필요하다"(제인 폰다), "강력한 타격 같은 책"(아리아나 허핑턴)이라고 평했다. 코트니 마틴은 바너드대학교에서 정치학과 사회학을 공부하고, 뉴욕대학교 갤러틴 스쿨에서 글쓰기와 사회변동 연구로 석사 학위를 받았다.

공개적으로 배움을 구하는 일을 꺼리지 말자

나는 아주 오래전부터 온라인에 글을 썼다. 내가 바너드대학교를 졸업하고 프리랜서 생활을 시작한 2002년은 인터넷이 한참 인기를 얻을 때였다. 종이 잡지에는 글을 싣기는 어려웠지만, 이 신기한 온라인 공간에 글을 싣는 것은 상대적으로 쉬웠다.

　나는 2006년 〈페미니스팅〉에 블로그를 열었다. 그리고 블로그 활동 3년째 해에 기사도에 대한 글을 써서 페미니스트로서 남자와 연애하는 일에 대해 탐구해보고자 했다. 남자들이 나를 위해 문을 열어주면 기분이 좋았지만, 그게 여자는 약하니 남자가 돌봐줘야 한다는 편견을 강화시켜주지는 않을까 의문이 들었다. 나는 그 일에 대해 생각하면서 그 행동을 두 가지로 구별했다. 사랑의 표시로 문을 열어주는 것과 "너처럼 약한 사람이 이렇게 무거운 문을 열 수는 없어!" 하는 태도로 문을 열어주는 것이었다. 그리고 그 행동이 애정과 상호 의존에서 나온다면 로맨틱하지만, 남자가 여자를 '불구자invalid'라고 생각해서 하는 것이라면 로맨틱하지 않다고 썼다. '불구자'라는 말에는 아이러니한 뜻을 담으려고 했다.

　그 글을 올린 뒤 사이트가 폭발했다. 장애인 온라인 커뮤니티들에서 '불구자'라는 비하어를 사용했다고 나를 비난했다. 한 유명 블로거가 쓴 항의 서한에 마흔 명 가까운 블로거가 서명했고, 온라인에서는 순식간에 〈페미니스팅〉 보이콧 캠페인이 일었다. 이런 참사가 닥쳤을 때 나는 온몸이 부끄러움으로 휘감긴 채 브루클린의 내 집 책상 앞에 앉아 있었다. 내가 배려심 없는 사람으로 여겨진다는 게 너무 억울했다. 컴퓨터에 대고 소리치고 싶었다. "그런 말인 줄 몰랐어요!"

나는 브루클린의 프로스펙트 공원으로 산책을 나갔다. 새로운 관점이 필요할 때면 나는 자주 그곳으로 산책을 나간다. 공원에서 동료 블로거들에게 전화를 걸었다. 역시 〈페미니스팅〉 작가인 미리엄 페레즈가 나를 위로하고 현실적인 도움을 주었다. "자기가 어떤 느낌일지 알아. 사람들 기분을 상하게 할 생각은 없었을 테니까. 그러니까 그 사람들에게 뭐라고 답해야 할지 함께 생각해보자." 그 단어를 쓴 건 잘못이지만 내가 나쁜 사람인 건 아니라고 말하는 친구들에게서 현실 점검을 받는 일은 큰 도움이 되었다. 그들은 솔직하게 말하면서도, 내 본질은 선량하다는 것을 확인시켜주었다.

우리는 장애인 커뮤니티 활동가들과 온라인 회의를 했다. 그리고 우리의―〈페미니스팅〉과 내가 장애인 인권을 침해하지 않았다는―생각에 대한 의견을 물었다. 표면적으로 대화는 실패했다.

내가 말했다. "저는 장애학에 대해 공부하고 싶어요. 추천해주실 책이나 영화 같은 것이 있나요?"

그러자 누군가 대답했다. "오만한 질문의 전형이군요. 당신을 교육하는 일, 목록을 뽑아주는 게 우리 일이라고 생각하잖아요."

우리의 장애인 차별을 비난하는 사람들은 그 회의를 홍보 전략이라고 생각하는 것 같았고, 나는 그게 아니라고 설득하지 못했다. 그래도 〈페미니스팅〉은 그들의 피드백을 받아들여서 여러 가지 변화를 이루었다. 우리는 그동안 '절름발이'(보행장애인에 대한 비하어)나 '미쳤다'(정신질환자에 대한 비하어) 같은 말을 사용한 것에 대해 독자들에게 공식 사과했다. 또 비디오에는 되도록 자막을 달겠다고 하고, 자막을 만드는 품이 많이 드는 업무에 활동가들의 도움을 요청했다. (우리는 모두 무급이었다.)

그 모든 상황이 당혹스럽지 않았다고 말하면 거짓말일 것이다. 내 목소리에 엄청난 힘이 있는 것 같았고, 그 일이 두려웠다. 무엇보다 사람들을 화나게 하고 싶지 않았다. 하지만 침대 밑으로 기어들어가서 나오지 않고 싶던 심정을 이겨냈다는 사실은 기쁘기도 했다. 나는 이제 내가 일을 망치면 인정하고, 사람들에게 상처를 주면 괴로워한다는 걸 알게 되었다. 나는 그렇게 불편한 자리에 나타나는 일도, 어려운 대화를 시도하는 일도, 인간이 하기 힘든 그 모든 일을 하는 것도 꺼리지 않았다. 나는 나에게 진정성이 있다는 걸 알게 되었다.

누군가의 이야기를 공개적으로 하는 일은 그 사람에게 상처가 될 수 있으니 무책임하게 해서는 안 된다

〈페미니스팅〉에 블로그를 하던 시절, 나는 첫 책 『완벽한 여자, 굶는 딸들』도 쓰고 있었다. 이 책은 낯선 방식으로 기획되었다. 나는 대학을 마치면서 다시는 몸 이미지를 생각하지 않기로 했던 터였다. 몸매 걱정을 하는 여자를 너무 많이 봐서, 나는 몸에 대한 집착을 버리기 위해 실제로 집 안의 거울을 모두 숨겼다. 하지만 안타깝게도 그 문제는 너무 만연하고 광범위하게 뻗어 있어서 내 가까운 사람들에게 영향을 미쳤다. 내가 멘토 역할을 맡은 열세 살 소녀는 베이글은 살찌기 때문에 "나쁜 음식"이라고 말했다. 친한 친구 한 명은 폭식증에 시달린다고 털어놓았다.

그러던 어느 날 YMCA의 사우나에 갔는데, 거기서 만난 벌거벗은 중년 여성들은 자기 몸에 아무런 불만이 없어 보였다. 나는 이 여자들과 내 주변의 젊은 여자들을 비교하는 글을 썼고, 그걸 어떤 에세이 공모에 투고해서 입상했다. 나는 그걸로 그 문제를 내려놓았다고 느꼈다.

그런데 어느 출판 에이전시가 나에게 연락을 했다.

"선생님께서 이 문제에 대해 중요한 말씀을 해주실 수 있을 것 같습니다."

"아니요, 별로 없어요." 내가 말했다.

"작가는 자신이 아는 걸 써야 해요. 선생님은 이 문제를 잘 알고 계신 것 같아요."

에이전시의 관심을 받는 것은 기쁜 일이라서 나는 나한테 정말로 여성과 몸의 관계에 대해서 해줄 말이 있다는 생각이 들었다.

그 책을 쓸 때 나는 '몸 이미지' 이슈의 폭발성을 알았다. 그리고 윤리적이고 정확한 이야기를 쓰고 싶었다. 그 무렵 제임스 프레이라는 작가가 『백만 개의 작은 조각』이라는 책을 냈는데, 거기 허위 사실이 많다는 것이 밝혀지면서 큰 논란이 일었다. 나는 그런 일이 일어나게 하고 싶지 않아서 내 글의 근거를 꼼꼼히 기록하고, 사실을 확인하고, 인터뷰 대상 모두에게서 그 내용을 책에 실어도 좋다는 서명을 받았다.

그런데 책이 출판되자 의도하지 않은 부작용이 있었다. 내가 인터뷰한 여자들이 전화나 이메일로 가족의 반응을 전했는데, 대부분 별로 좋지 않았던 것이다.

나와 인터뷰한 한 여성의 예를 들어보겠다. 나는 그가 18세 이상인 것을 확인했고, 인터뷰를 책에 실어도 좋다는 서명을 받았다. 이런 조치들은 윤리적 보도에 중요하다. 그런데 책이 출간되자 그의 어머니가 인터뷰 내용을 보고 공개 망신을 당했다고 생각했다. 그는 딸이 나와 인터뷰하는 것을 몰랐고, 자기 가족의 이야기가 전국의 서점에 꽂히게 된 데 화가 났다. 그러자 그 딸이 화를 냈다. 물론 인터뷰를 한 것은 딸의 선택이었다. 그가 부모의 허락을 구해야 할 법적 의무는 없었다. 하지만 이 일을 통해 나는 사람들 이야기를 전달하는 일은 강력한 힘이 있고, 내가 예상하지 못한 방식으로 사람들에게 상처를 줄 수 있다는 것을 알게 되었다.

젊은 사회운동가들을 소개한 다음 책 『어쨌든 그 일을 하라』를 쓸 때는 인터뷰 대상자들에게 책에 들어갈 내용을 보여주기로 했다. 공개하고 싶지 않은 부분은 빼도 좋지만, 너무 많은 부분을 빼야 해서 이야기가 엉성해지면 그 사람은 책에 들어갈 수 없었다. 실제로 그렇게 된 사람이 한 명 있었다. 그 사람이 원하는 대로 내용을 빼다 보니 내용이 전혀 달라져서 나는 아예 들어내는 편이 낫다고 생각했다. 그때까지 인터뷰를 하고 글을 쓴 시간이 몹시 아까웠지만, 관점의 차이를 해결할 수 없을 때는 그것이 좋은 방법이었다. 『완벽한 여자, 굶는 딸들』로 그런 경험을 한 뒤로 나는 사람들을 자신이 원하지 않는 모습으로 노출시키고 싶지 않았다.

그렇게 나는 내가 가진 목소리, 내가 쓴 글의 힘을 깨닫고, 그 힘의 의미와 씨름했다. 이 세상의 한 모퉁이에 어떤 이야기를 내놓고 싶다면, 그것의 힘에 유의해야 한다. 나 자신의 이야기를 하거나 다른 사람의 이야기를 전하는 일은 아직도 두려울 때가 있다. 나를 버티게 하는 것은 강력한 이야기로 독자와 작가 모두를 변화시킬 수 있다는 믿음이다. 자신이 하는 일에 어떤 위험 요소가 있다면, 그 일에서 자신에게 중요한 것이 무엇인지, 자신이 애초에 그 일을 하는 이유가 무엇인지 생각해봐야 한다.

코트니 E. 마틴의 조언

✦ 일터 안과 밖 양면에서 동료들과 긴밀한 유대를 갖는 것이 좋다. 우리가 실패했다고 느낄 때, 그들은 우리의 잘못을 솔직하게 알려주면서도 우리가 자기 비하에 빠지는 걸 막아줄 수 있다.

✦ 어려운 주제에 대해 책을 쓰다 보면 그 과정에서 사람들에게 상처를 줄 가능성이 있다. 그럴 때는 자신이 얼마만큼 버틸 수 있는지, 사람들의 이야기에 자신의 의도를 어떤 방식으로 담을 수 있는지 먼저 생각하면서 심리적으로 준비해야 한다.

J. 코트니 설리번_작가

"내가 볼 때 소설은 표지를 달고 서점에 꽂힌 뒤에도 여전히 미완성이다. 하지만 어떤 면에서는 불완전함이야말로 나를 움직이는 동력이다. 세상에는 언제나 다시 바로잡고 더 명확하게 말할 기회가 있다."

"J. 코트니 설리번은 '타고난 이야기꾼'이다." <엔터테인먼트 위클리>는 그의 최신작 『약속』 서평에서 말했다. <시카고 트리뷴>은 "설리번은 인생의 부침—슬픔, 배신, 압력—이 결혼 생활 전반에 걸쳐 펼쳐지는 모습을 탁월하게 포착한다"고 썼다. 설리반의 세 소설 『시작』『메인』『약속』은 모두 긴 세월 동안의, 때로는 여러 세대에 걸친 사건을 다룬다. 어떻게 해서인지 그의 책은 손에서 내려놓기 힘들 만큼 재미있으면서도 독자들의 기대를 우아하게 뒤틀어서 젠더와 계급의 정치학을 새롭게 바라보게 한다.

평소의 설리번은 사랑스럽고 재미있다. 겸허한 태도는 상대방을 편하게 해주고, 그가 서른 살도 되기 전에 베스트셀러 작가가 되었다는 사실을 잊게 만든다. 그는 빡빡한 집필 일정에도 모교인 스미스대학교 학부생들을 위해 꼬박꼬박 시간을 내준다. 작년에는 마감에 쫓기는 와중에도 신입생들과 화상 대화를 통해 글쓰기에 대한 질문에 답변을 해주기도 했다. 그날 우리는 햇빛 밝은 교실의 대형 나무 테이블에 앉아서 스크린을 바라보고 있었다. 문득 설리번이 브루클린의 자기 방 책상 앞에 앉은 모습으로 나타나서, 부모님과 눈물 속에 헤어진 일을 비롯해 자신의 대학 신입생 시절 이야기를 미소 띤 얼굴로 해주었다.

때로는 일을 해나가면서 배워야 한다

대학 시절 나는 대부분 잠옷 차림으로 소설을 읽으며 지냈다. 그리고 언젠가 역시 잠옷 차림으로 소설을 쓰는 사람이 되고자 했고, 실제로 지난 4년 동안 그렇게 살았다(물론 수많은 북투어와 연구 조사도 했고, 잠옷 아닌 옷들도 입었지만). 하지만 대학 졸업 후 전업 작가가 되기 위해 직장을 그만두기 전까지 6년 동안 〈얼루어〉와 〈뉴욕 타임스〉에서 보조 편집자로 일했다. 두 회사 모두 처음에는 낯설고 불편했고, 나는 일하면서 일을 배워야 했다.

　내 부모님은 공연, 음악, 미술, 문학을 사랑했고, 〈뉴요커〉도 구독했다. 하지만 우리 집 식탁의 대화 주제는 주로 가족 가십이나 그날 학교에서 벌어진 일 같은 것이었다. 우리 가족은 지식층이 아니었다. 나는 스무 살에 뉴욕에 오기 전에는 그런 게 있는 줄도 몰랐다. 친구를 사귀고 칵테일파티에 가고 직장 사람들과 대화를 하면서 모르는 어휘, 내가 모르는 유명인, 내가 읽어야 했지만 읽지 않은 책들이 있다는 걸 알게 되었다. 나는 오랫동안 그런 것을 따라잡으려고 노력했다. 누군가 NPR 라디오에서 들은 이야기를 말하면, 고개를 끄덕이며 듣고는 화장실에 가서 구글에 검색해보곤 했다.

　내가 출판계에 들어간 과정은 그다지 훌륭하지 않았다. 취업을 하려고 타임스스퀘어의 큰 호텔에서 열린 취업 박람회를 찾아갔다. 어느 대형 홀에서 출판사들이 면접을 보았고, 다른 홀에서는 로펌들이 면접을 보았다. 나는 대학 시절의 절친과 함께 갔고, 그는 로펌에 취직하고 싶어했다. 우리는 지루하게 하염없이 기다렸다. 친구는 그때 남자친구 때문에 힘들어하고 있었고, 우리가 그 문제를 두고 열띤 대화를 이어갈 때 갑자기 내 이름이 불렸다. 내 차례가 다가온 줄도 모르고 있었다.

　나는 면접장으로 달려들어갔다. 면접을 볼 정신적 여유

가 없었지만, 평생 책에 둘러싸여 살았기 때문에 불안하지 않았다. 우리 집은 선반에도 책, 아버지의 차 트렁크에도 책이 있었고, 내 방 벽장 문을 열면 책이 쏟아져나왔다. 나는 20년 동안 책만 읽고 산 것 같았다. 이건 거저먹기였다.

친절한 인사 담당자는 면접 첫 질문으로 내가 가장 좋아하는 책이 무엇이냐고 물었다. 말문이 막혔다. 아무것도 생각나지 않았다. 나는 이렇게 대답했다. "가장 좋아하는 책이요? 아, 책이라면 다 좋아요." (10년이 지난 지금도 이때 일을 생각하면 얼굴이 화끈거린다. 그리고 길을 걷다가 문득문득 생각했다. 『황폐한 집』 있잖아! 왜 그걸 말하지 않았어? 아니면 윌라 캐더도 있고, 바보야. 어떻게 윌라 캐더를 잊었니?)

당연히 나는 불합격했다.

하지만 결국 〈얼루어〉〈보그〉〈뉴요커〉〈GQ〉 등을 내는 대형 잡지 출판사 '콘데 나스트'에 취직했다. 직책은 '로버rover', 그러니까 여기저기서 임시로 땜질하는 역할, 맨 밑바닥 사원이었다. 나는 이 잡지 저 잡지를 옮겨다녔고, 당시 나를 쓰는 담당자의 마음에 따라 하는 일이 바뀌었다. 〈하우스 앤드 가든〉에서는 사진 촬영을 보조했는데, 그곳 사람들은 대체로 내게 친절했다. 반면 남성 패션 잡지—훗날 폐간되었다—에서는 산더미처럼 쌓인 옷을 하나하나 보관 가방에 넣는 일을 했다. 나는 그 일을 2주일 동안 매일 여덟 시간씩 했다. 다른 한 잡지에서 편집자들은 내 이름도 굳이 묻지 않았다. 나를 '로버'라고만 부르며, 서로에게 "제니퍼, 나한테 로버 좀 빌려줄래요?" 하고 말했다. 내가 무슨 청소기라도 되는 것처럼. 하지만 나는 회사에 불을 지르지만 않으면 정사원이 될 거라고 생각하며 버텼다. 그렇게 해서 결국 〈얼루어〉의 보조 편집자가 되었다.

〈얼루어〉에서 나는 뉴욕에 처음 와서 칵테일파티에 다니기 시작할 때처럼, 겉으로 티내지 않으면서 허겁지겁 새로운 언어를 익혔다. ('바비 브라운이 메이크업 아티스트였어? 나는 보이밴드 멤버인 줄 알았는데?') 그곳에서 2년을 일했다. 나는 지금도 아이라이너를 그릴 줄 모르지만, 그것에 대한 글은 쓸 수 있게 되었다. 메이크업과 유명인에 대해 글을 쓸 때는 소설을 쓰는 심정이 되어 가상 인물의 목소리로 썼다. 나는 최신 립글로스에 깊은 관심이 없어도 내가 쓰는 글의 주인공은 관심이 있었다. 그렇게 생각하자 그런 일을 할 수 있었다.

나는 보조 편집자로서 두 명의 열정적 편집자와 그들이 관리하는 필자들을 도와서 미친 듯이 일했다. 7시 전에는 퇴근하지 못했고, 퇴근하고 집에 가서도 일했다. 모든 일이 너무 바쁘게 흘러갔다. 하지만 그 경험은 좋았다. 글을 쓸 수 있었기 때문이다. 나는 특집 섹션에 '완벽한 변신'이라는 칼럼을 썼는데, 어느 날 빨래방에서 어떤 사람이 그 글을 읽는 걸 보고 내 눈을 믿을 수 없었다. 내가 쓴 글을 누군가 내 눈앞에서 읽고 있었다. 그 기분은 환상적이었다. 나는 그때까지 항상 재미로 글을 썼지만, 〈얼루어〉에서 전문가가 되는 법—편집을 수용하는 법, 공간과 마감에 맞추어 글을 쓰는 법—을 익혔다. 그리고 오늘날까지 알고 지내는 멋진 작가와 편집자를 많이 만났다. 그것은 진정한 교육이었다.

콘데 나스트에는 특이한 불문율들이 있었다. 나는 대학 시절 〈애틀랜틱 먼슬리〉에서 인턴을 했고, 다른 회사들도 다녀보았지만, 사내 행동 지침이 그렇게 엄격한 환경은 처음이었다. 빅토리아시대 같았다. "이 사람이 먼저 말을 걸기 전에 당신이 먼저 말을 걸면 안 돼요" 또는 "그 사람하고는 엘리베이터를 같이 타면 안 돼요" 또는 "이 사람 방에는 허락 없이 들어가면 안 돼요" 같은 것이었다. 그 시절 내 대학 때 절친은 괴팍한 변호사 밑에서 일하고 있어서 우리 둘은—때때로— 화장실에서 울었고, 각자 직장에서 겪은 일들을 이메일로 주고받았다.

그러는 가운데 주말에는 첫 소설 『시작』을 작업했다. 언젠가 유명 베스트셀러 소설가가 〈얼루어〉에 에세이를 썼는데, 나와 짧은 인터뷰를 하면서 자신은 지금 집에서 "글을 쓰며 세탁기 수리 기사를 기다리고 있다"고 말했다. 그건 딱히 멋진 말이 아닌데도 나에게 오랫동안 남아 있었다. 소설을 써서 생계를 유지하는 사람은 화요일 오후에 집에서 '글을 쓰면서 세탁기 수리 기사를 기다릴' 수 있다는 생각.

그러다 〈뉴욕 타임스〉 칼럼니스트의 자료 조사원으로 일할 기회가 생기자 〈얼루어〉를 떠났다. 그 일은 즐거웠다. 나는 열심히 일하며 국제정치에 대해 많은 것을 배웠다. 나는 이미 〈뉴욕 타임스〉를 읽어서 뉴스를 꽤 많이 알았지만, 이제는 더 나아가 이라크와 아프가니스탄, 여성, 노동자 인권, 빈곤 문제를 다루는 칼럼니스트를 보조하게 된 것이다. 나는 국가 수반, 유명 활동가, 사상가 들을 만났지만, 때로는 뭐가 뭔지 일을 해나가면서 알아내야 했다. 마감이 닥친 순간에 "'옐로케이크'가 뭐고 그게 왜 문제죠? 먹는 건가요?" 하고 물을 수는 없었다('옐로케이크'는 우라늄으로 만드는 방사능 가루였다).

어느 날 누가 전화를 해서 내일 오전에 포터스의 일정이 가능한데, 우리 쪽이 만남을 원하는지 물었다. 나는 포터스가 무엇인지 몰라서 안 된다고 말할 뻔했지만, 다행히 먼저 상사의 의견을 물었다. "선생님, 포터스하고 만나기 원하세요?" 나는 그가 당연히 거절하리라 예상하는 듯 지루한 목소리로 물었다. 하지만 그가 "당연하지!" 하고 말하자 어디선가 POTUS라는 약어를 본 기억이 번쩍 났다. 그것은 '미국 대통령President of the United States'이라는 뜻이었다.

〈얼루어〉와 〈뉴욕 타임스〉 시절에 나는 꾸준히 첫 소설을 작업해서 마침내 출간했다. 그리고 두 번째 소설 『메인』이 계약됐을 때 〈뉴욕 타임스〉를 떠났다. 이제 소설가로 생계를 유지할 수 있었다. 화요일에 집에서 세탁기 수리 기사를 기다릴 수 있었다. 나는 직업적 기회는 무조건 잡는 게 좋다는 것을 알게 됐다. 그것이 우리에게 어떤 기회를 열어줄지 모른다. 그리고 우리에게 어떤 강력한 열정이 있다 해도 그 일을 직업으로 삼기 전에 오랫동안 취미로 간직해야 할 수도 있다. 그건 나쁜 일이 아니다. 열정을 간직하고 열심히 일하라. 그리고 일을 하면서 배우는 것을 두려워하지 말기를.

J. 코트니 설리번의 조언

✚ 새로운 기회는 언제나 받아들여라. 20대 시절 나는 한 가지 규칙이 있었다. 원고 청탁을 받으면 어떤 글이든 수락한다는 것이었다. 덕분에 나는 익숙하지 않은 일들을 접해보고, 훌륭한 경력을 쌓고, 많은 사람을 만날 수 있었다.

✚ 오늘의 조수가 내일의 대장이 된다. 뉴욕에서 10년을 살고 보니, 나와 함께 말단으로 일했던 동료들이 어느새 리더 위치에 올라 있다. 잡지 편집장도 있고, 베스트셀러 작가도 있다. 사람들과 관계를 유지하고, 동료들에게 친절하고 너그럽게 행동하라. 그 일이 미래에 어떤 가능성을 만들어줄지 모른다.

캐럴 S. 드웩 _심리학 교수

"나는 안전한 길을 선호하고 좌절을 회피하는 사람이었기에, 우리가 연구하던 아이들이 어려운 퍼즐 앞에서 '나는 도전하는 게 좋아!' 하고 말하는 모습에 깜짝 놀랐다. 나는 실패 가능성이 있는 일은 시도조차 하지 않았다. 하지만 그 아이들은 팔을 걷어붙이고 그 일에서 무언가 얻어내려고 했다. 나에게 롤모델이 있다면, '해보자!' 하고 말한 이 열 살짜리 아이들이었다."

캐럴 S. 드웩은 누군가를 설명할 때 '똑똑하다'는 표현을 하지 않는다. 내가 그와 어느 대학원 교수에 대해 이야기하다가 "그러니까 그분이 정말로 똑똑하다고 생각하셨나요?" 하고 묻자, 그가 장난스럽게 대답했다. "나는 똑똑하다는 말을 쓰지 않아요!"

교육계와 심리학계에서 사람의 능력은 아이큐에 따라 결정된다고 생각하던 시절이 있었다. 하지만 그것은 캐럴 드웩의 연구가 세상에 나오기 전의 일이다. 스탠퍼드대학교 교수인 드웩은 '행동의 동기' 연구에서 세계를 선도하는 연구자다. 그의 연구는 사람들이 왜 성공하는지, 어떻게 하면 성공을 도와줄 수 있는지를 찾는 데 초점을 맞춘다. 그는 말한다. "그동안 내 연구는 사람들이 자기 능력에 대해 가진 마인드셋이 (자신의 능력이 고정되어 있다고 보느냐, 발전할 수 있다고 보느냐가) 큰 영향을 미친다는 것을 보여주었다. 지능과 재능이 발전할 수 있다고 믿는 사람들은 더 많은 도전에 나서고, 좌절했다가도 쉽게 일어서며, 실제로 더 많은 것을 성취한다. 사람들이 이런 '성장 마인드셋'을 터득하면 회복력과 성취가 높아진다."

교육자들은 드웩의 개념을 적용한 현실에서 그에 대한 증거들을 본다. 그중 하나가 '프로젝트 코치'다. 이것은 스미스대학교가 매사추세츠주 스프링필드의 아동·청소년을 위해 개발한 학교 밖 프로그램으로, 위기 청소년들을 어린이 스포츠 코치로 일하게 한다. 청소년들은 대개 학업 성적이 저조한 상태로 오지만, 프로그램을 통해서 성장 마인드셋을 코칭과 인생의 지도철학으로 사용하는 법을 배운다. 프로젝트의 팀장 케일리 컬럼베로는 말한다. "'나는 공부를 못해' 하고 단정하는 사람은 발전하지 않는다." 이 프로젝트는 선수와 코치 관계를 활용해 아이들에게 '훈련과 열정이 재능을 키워준다'고 가르침으로써 성장 마인드셋을 키워준다. 이 프로젝트에서 멘토링을 받은 아이들은 그해에 평점이 1점이나 올랐다.

스탠퍼드대학교에 재직 중인 드웩은 이전에는 컬럼비아대학교와 하버드대학교에서 가르쳤다. 대학뿐 아니라 세계 곳곳의 기업, 스포츠팀, 교육 집단에서 강연을 하고, 수많은 상을 받았으며, 미국예술과학아카데미와 국립과학원 회원이 되었다. 그의 연구는 <뉴요커> <타임> <뉴스위크> <뉴욕 타임스> <월 스트리트 저널> <워싱턴 포스트> 등에 실렸고, 그가 직접 <투데이> <굿모닝 아메리카> <20/20>, NPR의 <모닝 에디션> 등에 출연하기도 했다. 저서 『마인드셋』은 폭넓은 호평 속에 20개 이상의 언어로 번역되었다.

존경하는 사람에게 완벽한 모습을 보여야 한다는 생각으로 멘토링을 거부하지 마라

나는 초등학교 시절 맞춤법 실력이 전교에서 최고였다. 선생님들이 나보고 지역 대회에 나가라고 했지만 거절했다. 중학교 때는 프랑스어 실력이 뛰어나서 교장 선생님이 시 대회에 나가보라고 권했지만 역시 싫다고 했다. 학교 1등이라는 걸로 이름을 얻었는데, 큰 대회에 나가 떨어지면 그 지위가 흔들릴 것 같았다.

여러 해가 지난 뒤 예일대학교 심리학과 대학원에 다닐 때 나는 여전히 '똑똑하다'는 이미지를 유지해야 한다는 생각에 사로잡혀서 쉽게 앞으로 나아가지 못했다. 때는 1960년대 말이었고, 나도 다른 젊은이들처럼 세상을 변화시키고 싶었다. 나는 시머 세러슨 교수의 수업을 들었다. 그는 그 시절 우리 분야에서 특이하게 여겨졌다. 자신의 연구를 아동의 학습과 교육적 변화라는 현실 문제에 적용시키고 싶어했기 때문이다. 나는 그의 수업을 몇 과목 더 듣고 그의 연구와 지혜를 깊이 존경하게 되었다.

어느 날 내가 지도 교수의 방에 갔더니, 그가 세러슨 교수와 나눈 대화를 전했다. 그분이 내가 "정말 똑똑하다"고 말했다는 것이다. 그것은 기분 좋은 일이었다! 그런 인정과 존중은 나에게 큰 기쁨을 안겨주었다.

하지만 그 후 나는 대학원을 마칠 때까지 세러슨 교수를 피해 다녔다. 왜? 내가 원하던 인정을 받았기 때문이다. 나는 완벽에 대한 열망 때문에 이렇게 생각했다. "만약 그분과 가까워졌다가 내가 별로 똑똑하지 않은 말을 하면 어떻게 해? 그러면 그분은 나한테 실망할 거야." 그것은 안타까운 일이었다. 세러슨 교수는 내가 흥미를 가진 많은 주제를 연구했기 때문이다. 나는 그의 생각을 묻고 내 생각을 나누면서 존경하는 사람에게 멘토링을 받을 기회를 스스로 박탈했다.

아이러니한 것은 내가 사람들이 실패에 대응하는 양상을 연구하기 시작했다는 것이다. 나는 어떤 아이들은 실패에 잘 대응하는 반면에 어떤 아이들은 실패하면 세상이 무너진 것처럼 행동하는 이유가 무엇인지 물었다. 그때까지도 나는 그 연구가 '나 자신에 대한 탐구'라는 것, 내가 나 자신의 경험과 문제 때문에 그 연구에 깊은 매력을 느낀다는 걸 몰랐다. 나는 이렇다 할 실패를 경험하지 않았는데도, 완벽하고 싶어하고 인정받고 싶어하다 보니 늘 실패의 유령에 시달렸다.

'성장 마인드셋'을 키우면 일에서 모험을 할 때 불안해하지 않을 수 있다

내 이론의 토대는 학습된 무기력에 대한 연구였다. 학습된 무기력은 동물들이 피할 수 없는 충격에 오래 노출되면 나중에는 그 충격을 (피할 수 있게 되어도) 굳이 피하려고 하지 않는다는 사실을 통해 밝혀졌다. 자신의 행동이 환경을 변화시킬 수 없다고 학습했기 때문이다. 나는 이것이 사람에게도 적용될 수 있다고 보았다. 그래서 어떤 아이들은 과제를 수행하다 실패하면 자신의 능력을 믿지 못하게 되고, 다음부터는 시도를 하지 않게 된다고 생각했다.

나는 좀 더 많은 것을 알아내기 위해서 초등 5학년 어린이들에게 난이도 조절이 가능한 여러 가지 퍼즐을 내주었다. 어떤 아이들은 자신들이 풀 수 없는 퍼즐을 보면 포기하고 말했다. "나는 이거 못해요." 그들은 실패를 자신에게 재능이 없다는 뜻이라고 생각해서 무기력하고 무능력해졌다. 하지만 어떤 아이들은 다르게 말했다. "나는 이런 게 제일 좋아요!" 그들은 실제로 전보다 더 활기를 띠고 새로운 방식의 해결법을 찾아냈고, 때로는 지나치게 어렵게 만든 문제도 풀었다. 어려움이 성취의 동기가 되어서 실제로 능력을 키워주었다.

나는 의문이 생겼다. 왜 어떤 아이들은 실패를 자기 능력이 부족하다는 의미로 보고, 어떤 아이들은 배움의 기회로 보는 걸까? 우리가 연구한 아이들은 똑같은 능력이 있었지만, 어떤 아이들은 그저 퍼즐을 잘 풀어서 능력을 인정받고 싶어했고, 다른 아이들은 도전과 시도를 통해 능력을 키우고 싶어했다. 우리 연구팀은 아마 양쪽 집단에게는 '능력'의 의미 자체가 다를 거라고 생각했다. 인정받기를 원하는 사람들은 능력을 고정된 것으로 보았다. 그들이 세상에 솜씨를 보이면, 세상이 그게 훌륭한지 형편없는지 판단하는 것이다. 하지만 능력을 키우고 싶어하는 사람들에게 능력이란 성장시킬 수 있는 동적인 것이었다.

이런 계통의 사고를 시작하기 전에 나는 성공과 실패에 대한 사람들의 '귀인'(원인 찾기)을 연구하는 심리학자 집단에 속해 있었고, 내 연구는 승승장구하고 있었다. 하지만 능력의 의미에 대해 새로운 질문과 이론을 연구하기 시작하자, 나는 갑자기 익숙하고 안전한 집단을 벗어나 완전히 새로운, 사실상 미지의 영역에 들어가게 되었다. 거기다 내 연구는 능력이란 고정된 것이라는 당시의 보편적 지혜에 도전하는 것이었다. 이 연구는 좋은 평을 받기 어려울 테고, 그러면 어쩌면 나는 평생 처음으로 실패에 직면할 가능성이 있었다.

그것은 모든 것을 건 모험이었다. 연구 결과 발표 자체가 어려워질 텐데―너무 낯선 아이디어였기 때문이다―나와 함께 연구를 하는 대학원생들은 연구 실적이 있어야 교수직을 얻을 수 있었기에 걱정이 되었다. 하지만 그러면서도 나는 내 연구의 전망을 믿었고, (교수로서나 개인으로서나) 성장하려면 이 길을 밀고 나가야 한다는 것도 알았다.

그 무렵 역시 새롭고 급진적인 심리학 이론을 연구하던 동료와 이야기한 일이 기억난다. 그는 너무 불안해서 어떤 날은 암에 걸린 것 같고, 다음 날은 심장마비가 오는 것 같다고 했다. 위험 속에 발을 내디딜 때는 그런 느낌이 든다. 하지만 존경하는 동료가 비슷한 길을 헤쳐나가는 이야기를 듣는 일, 그리고 그것이 창조적 과정에 필요하다는 것을 다시금 상기하는 일은 언제나 마음에 위안이 된다.

내 연구가 고정 마인드셋과 성장 마인드셋의 특징을 파악해내면서, 내가 그 가운데 나에게 적용되는 통찰들을 보기 시작한 것도 도움이 되었다. 고정 마인드셋은 배우는 것보다 똑똑해 보이는 것을 중요시한다. 노력은 나쁜 것이다. 능력이 뛰어나면 많은 노력이 필요 없기 때문이다. 그리고 실패가 그 사람을 규정한다고 생각한다. 성장 마인드셋은 학습과 노력을 중시하고, 실수와 좌절을 배움의 도구로 본다. 그래서 이런 발견은 거의 내가 길을 가는 데 사용할 지도와 같았다. 만약 "이건 너무 어려워서 하고 싶지 않아" 하는 생각이 든다면, "아냐! 해야 돼!" 하고 말해야 했다.

나는 나를 성장 마인드셋 쪽으로 이동시키기 위해서 나 자신의 '고정 마인드셋'이 드러나는 순간을 유심히 들여다보았다. 어느 날 밤 나는 차를 몰고 심리학과 건물 앞을 지나가다가 몇몇 교수의 연구실에 불이 켜진 것을 보고 생각했다. "왜 11시까지 일을 하는 거지? 나만큼 똑똑하지 않은가 봐." 하지만 이것이 '고정 마인드셋'인 걸 깨닫고 얼른 고쳐 생각했다. "흥미로운 데이터가 나왔나 봐. 연구에 몰두해서 시간을 잊었을 수도 있고."

이렇게 갓 싹이 튼 성장 마인드셋은 마인드셋에 대한 우리 연구가 최상급 심리학 저널에서 거절당하면서 큰 시험에 들었다. 편집자들이나 평가자들이 우리가 시도하는 새로운 것에 익숙하지 않다면, 그것을 발표하는 데는 일반적인 경우보다 시간이 더 든다. 하지만 거절당할 때마다 나는 말했다. "좋아, 여기서 뭘 배울 수 있지? 어떻게 해야 더 잘할 수 있지?" 그리고 우리 연구가 학계에서 즉각적인 환영을 받지 않았어도 나는 그에 대해 강연을 하고 다녔고, 그러자 사람들은 지적, 이론적 차원뿐 아니라 개인적 차원에서도 공감을 표했다. 모든 사람이 그것에 대해 이야기하고 그것을 이해하고 싶어했다.

시간이 지나자 우리 연구는 국제적 인정을 받고, 우리 연구팀은 많은 상을 받았으며, 우리가 개발한 마인드셋 관련 아이디어들은 학습을 이해하는 필수적인 방법이 되고 있다. 나는 다행히도 내 연구 결과를 면밀히 살펴보면서, 내가 모험을 시도하고 최선의 연구를 하려면 성장 마인드셋을 키워야 한다는 것을 깨달을 수 있었다. 여러분이 '고정 마인드셋'과 '성장 마인드셋'에 대해 (내 책을 통해서건 인터넷을 통해서건) 더 많이 알아보고자 한다면, 그 정보를 통해서 여러분도 도움을 받았으면 한다.

캐럴 S. 드웩의 조언

✦ 초등학교 6학년 때 우리 선생님은 학생들을 아이큐순으로 앉혔다. 나는 내가 '똑똑하다'는 이미지를 유지하려면 잠시도 방심하면 안 된다고 생각하며 자랐다. 하지만 오랜 세월이 지난 뒤 나는 그런 태도를 떨친 덕분에 개인적, 직업적 성장에 필요한 모험을 할 수 있었다. 자신이 원하는 사람으로 발전하려면 끝없는 인정 욕구를 버려야 한다.

✦ 변화가 늘 쉬운 것은 아니지만, 우리는 누구나 '성장 마인드셋'을 가지고 인생을 살 수 있다. '성장 마인드셋'을 가지면, 실수와 좌절은 배움의 불가피한 과정이라는 것을 이해하게 된다.

감사의 글

이 책에 이야기가 실린 눈부시고 용감한 여성 분들, 바쁜 시간을 내서 나와 인터뷰를 해주고, 너그럽게 자신의 이야기를 해주어 감사드린다. 내 출판 에이전트 린지 에지컴에게도 감사의 말을 전하고 싶다. 그는 이 책의 의미를 바로 이해했고, 제안서 시한을 설정하고, 유용한 피드백을 주고, 훌륭한 편집자를 찾아주는 등 많은 도움을 베풀었다. 플럼 출판사에서 이 책의 편집을 맡은 케이트 나폴리타노는 전체 과정을 현명하고 활기차게 이끌어주었다.

이 책은 스미스대학교의 모린 A. 마호니와 제니퍼 L. 월터스가 나눈 대화에서 시작되었다. 여성 서사에 대한 그들의 관심과 나에 대한 조언은 내 인생을 변화시켰다. 여성 내러티브 프로젝트의 일환으로 나와 많은 대화를 나눈 수 브리그에게도 감사의 말을 전하고 싶다. 앨리 아인바인더는 놀라운 친구이자 동료다. 멋진 밴드 포티 마우스의 멤버인 그의 음악 및 예술 활동은 끊임없는 영감의 보고다.

이 책에서 만날 사람들을 함께 생각해주고 그들과 연결해준 동료들과 친구들―팻시 바버, 에밀리 버크먼, 엘런 카터, 리즈 가버스, 제시카 골드스타인, 레이철 해스, 트레이스 크레이머, 아이리스 뉴얼루, 제시카 니콜, 프랜 로젠펠드, 레이철 시먼스―에게 감사드린다. 초고를 읽고 유익한 평가를 해준 친구들―헤더 에이블, 조 배컬, 애리얼 엑스컷, 리사 파파드메트리우, 로라 세들록―에게도 고마움을 전한다.

우리 부모님―짐과 존 러바인―은 늘 나를 응원해주지만, 특히 지난 1년은 내가 이 일을 할 수 있도록 많은 아이디어를 주고 아이들을 돌보아주셨다. 조시, 제비, 조얼, 게이브리얼의 응원에도 감사드린다.

마지막으로 이 책을 열렬히 기다린 내 아이들에게 감사하고 싶다. 일라이자, 너는 내가 아이스크림을 살짝 녹이려고 전자레인지에 넣었다가 너무 오래 돌리는 바람에 완전히 녹여버린 실수에 대해 쓰라고 했지. 여기 그 책이 나왔단다! 또 이디는 '자신의 일'에 늘 바쁜 모습으로 저에게 모범이 되었다.

모든 일을 더 재미있게 만들어준 조 배컬에게도 감사의 말을 전하고 싶다.

잠깐 수습 좀 하고 올게요

초판발행	2021년 2월 19일
지은이	제시카 배컬
옮긴이	고정아
펴낸이	김정순
편집	허정은 허영수
디자인	김진영
마케팅	양혜림 이지혜
펴낸곳	(주)북하우스 퍼블리셔스
출판등록	1997년 9월 23일 제406-2003-055호
주소	04043 서울시 마포구 양화로 12길 16-9(서교동 북앤빌딩)
전자우편	editor@bookhouse.co.kr
홈페이지	www.bookhouse.co.kr
전화번호	02-3144-3123
팩스	02-3144-3121
ISBN	979-11-6405-086-4 03330